W0178608

Margarete Rick-Neuendorff
Zwei Mark für ein Lächeln

Über die Autorin

Margarete Rick-Neuendorff, Jahrgang 1946, zog als Mutter und Hausfrau drei Kinder groß. Beruflich arbeitete sie jahrelang in einer psychiatrischen Klinik in der Beschäftigungstherapie mit Drogenabhängigen. Mit dem Eintritt ins Rentenalter entdecke sie ihre Liebe fürs Schreiben. Sie engagiert sich außerdem im Vorlesedienst eines Seniorenheims in der Nähe ihres Wohnortes Hadamar im Kreis Limburg.

Margarete Rick-Neuendorff

Zwei Mark für ein Lächeln

... und andere wahre Geschichten
aus der guten alten Zeit

GerthMedien

Inhalt

Vorwort

Die Gedanken wandern im Alter ganz allmählich und immer öfter in die Vergangenheit. Ruhestandskollegen werden mir da sicher zustimmen. Wie Déjà-vus kehren die kleinen und großen Erlebnisse von früher wieder zurück, an die man sich erinnert: wunderbare Augenblicke, die das eigene Herz erfreuen. Unvergessene Geschichten, gehütet wie ein Schatz. Momente, für die man dankbar ist. Und manches nachdenklich Machende, wenn sich das einst Erlebte im Heute spiegelt.

Mit sechzig sah auch ich mich dieser Rückblende gegenüber. Meine drei Kinder waren alle erwachsen, beruflich angekommen und der Ruhestand schenkte mir Raum, mich meiner Selbst zu widmen. So bekam denn auch die

Idee ihren Platz, meine Erlebnisse einmal aufzuschreiben. Vielleicht können sie jemandem Freude, Trost oder Zuspruch sein, der Ähnliches erfahren hat, dachte ich. Vielleicht laden sie aber auch einfach nur dazu ein, einen Moment lang innezuhalten und in den eigenen Erinnerungen zu verweilen.

Ich hoffe, dass Ihnen dieses Buch guttut. Die meisten der aufgeschriebenen Geschichten habe ich selbst erlebt, einige erzähle ich aber auch aus der Sicht nahestehender Freunde und Bekannter. Denn als sie hörten, dass ich Geschichten aus der guten alten Zeit sammle und niederschreibe, fiel ihnen sogleich selbst Unvergessenes aus jüngeren Tagen ein. Vielleicht erleben Sie ja dasselbe. Wie schön wäre das! Mögen Sie beim Lesen an Ihre gute alte Zeit erinnert sein.

Margarete Rick-Neuendorff

I.

Die beste Oma
der Welt

Unsere Oma Gretchen. Sie war nicht nur die Beste und Liebste, sie war auch die beste Köchin der Welt. Ihre Kochkünste übertrafen sogar die unserer Mutter, obwohl diese schon als Hauswirtschafterin in großen Küchen gekocht hatte und uns, soweit es ihr möglich war, mit tollen Gerichten verwöhnte. Doch da Großmütter bekanntlich viel Zeit haben, bereitete Oma Gretchen immer die Leckereien zu, die viel Arbeit bedeuteten. Sie hatte einfach ungeheure Freude daran, meinen Bruder und mich zu bekochen.

Für uns machte sie die besten Kartoffelpuffer, mit frisch zubereitetem Apfelmus. Sie passierte das Mus extra durch ein Sieb, damit es ganz ohne Sahne noch cremiger wurde. Zum Schluss gab sie noch eine Prise Vanillinzucker dazu. Es schmeckte himmlisch gut.

Von den knusprigen Kartoffelpuffern machte sie immer so viele, bis keiner mehr in uns hineinpasste. Den letzten Rest durften wir dann noch mit nach Hause nehmen und am nächsten Tag auf unser Pausenbrot legen. Einfach köstlich.

Einmal, als es Frühling und schon recht warm war, lud uns Oma Gretchen zu einem Picknick ein. Sie nahm eine alte Wolldecke mit, die sehr dicht gewebt war, um uns vor der Kälte des noch kühlen Erdbodens zu bewahren, und zog mit uns am Nachmittag über die Wiese bis an den Waldrand. Dort war es windgeschützt und lange sonnig. Wir aber hatten nur Augen für Omas Picknickkorb. Allerdings hatte sie den mit einem frischen Geschirrtuch zugedeckt.

Oma stimmte ein Liedchen an und wir spielten ein paar Runden „Ich sehe was, was du nicht siehst". Lange aber dauerte es nicht, bis Oma das Tuch lüftete und die Köstlichkeiten zum Vorschein kamen: selbst gemachter Himbeersaft, Kakao, frisches Brot, selbst gemachtes Pflaumenmus und Hefegebackenes.

Mein Bruder und ich, wie hätte es auch anders sein können bei dieser Koch- und Backkunst, waren dankbare Esser. Oft bewunderten wir die Leckereien unserer Oma mit einem „Ah!" und „Oh!". Oder wir standen am Herd, das gute Aroma des bald fertigen Essens schnuppernd. Nur beim Kohl, da roch es etwas streng, sodass manch einer von Omas Gästen sagte: „Ach, was stinkt der Kohl."

Nicht so Oma Gretchen. Sie lehrte uns, jede Speise zu respektieren: „Alles, was der liebe Gott wachsen lässt, damit wir es essen können und satt werden, stinkt nicht. Man kann sagen, es riecht, doch alles andere ist respektlos."

Das war uns eine Lehre fürs Leben. Nie würden wir Brot oder etwas Essbares in den Müll werfen. Es gab immer eine Verwendung. Damals beispielsweise Schweine, die ja bekanntlich Allesfresser sind. Und heute gibt es eine Tonne für Kompost und mancherorts hält ein Nachbar vielleicht ein paar Hühner.

Oma Gretchen war unser Engel. Sie lehrte uns, Gott gegenüber dankbar zu sein, der diese schöne Welt erschaffen hat, auf der wir leben dürfen. Und dankbar zu sein für die Eltern, Großeltern und das gute Essen. Sie wusste damals, uns mit Köstlichkeiten und vielen kleinen Dingen vor

Augen zu führen, welch schönes Leben wir haben. Danke Oma!

„Und Gott sprach:
,Sehet da, ich habe euch gegeben alle Pflanzen,
die Samen bringen, auf der ganzen Erde,
und alle Bäume mit Früchten,
die Samen bringen, zu eurer Speise.'"

1. Mose 1,29

2.

Maiglöckchen

In unserem Dorf ging es damals sehr beschaulich zu. Es fuhren kaum Autos, sodass wir auf der Straße Federball spielen konnten. Kam doch mal ein Auto vorbei, dann fuhr es nicht schnell. Wir gingen einfach an die Seite und der Wagen passierte uns, ohne zu hupen.

Als Kinder spielten wir auch gerne im nahe gelegenen Wald. Dort kannte ich mich sehr gut aus. Vor allem wusste ich, wo im Frühling die Maiglöckchen blühten. Meist standen sie an wunderschönen großen Lichtungen, und sobald ich in die Nähe der Blumen kam, umfing mich ihr wunderbarer Duft wie ein süßer Hauch.

Eines Tages hatte ich eben dort einen schönen Strauß gepflückt, den ich meiner Mutter mitbringen wollte. Ich war bereits auf dem Weg nach Hause und schlenderte die Straße entlang, als ein Auto neben mir hielt. (Damals war das noch genauso unverfänglich wie ein Kind allein in den Wald ziehen zu lassen.)

Ein netter Mann kurbelte sein Fenster herunter und sagte: „Na, da hast du ja ein wunderschönes Sträußchen gepflückt."

Natürlich war ich sehr stolz und sah einen Moment lang verträumt meinen kleinen Blumenstrauß an, dem ich zum Kontrast noch ein paar grüne Blätter hinzugefügt hatte. Doch auf einmal schreckte ich ein wenig hoch, als ich den Mann wie aus weiter Ferne sagen hörte: „Hallo? Junge Dame, ich habe dich etwas gefragt."

Nun war ich wieder hellwach. „Was haben Sie gesagt?", fragte ich, konnte aber kaum glauben, was ich da so halb verschwommen vernommen hatte.

Er wiederholte seine Frage.

Also doch! Ich hatte es richtig gehört. Er wollte mir meinen Strauß abkaufen, für seine Frau.

Eine D-Mark bot er mir an und wartete auf meine Antwort. Da gab es nichts zu überlegen und so tauschten wir die Maiglöckchen gegen die Münze.

Der Mann freute sich sehr, hob noch einmal die Hand zum Gruß und fuhr lächelnd davon.

Damals war eine Mark viel Geld. Ich lief beglückt nach Hause, überreichte meiner Mutter das Geld und versprach: „Mama, morgen hole ich für dich einen neuen Strauß Maiglöckchen."

„Warum macht ihr euch Sorgen um das,
was ihr anziehen sollt?
Seht, wie die Blumen auf den Feldern wachsen!
Sie arbeiten nicht und machen sich keine Kleider."
Matthäus 6,28

3.

Der große Stein,
der ein kleiner war

Vor Kurzem beschloss eine meiner Freundinnen, Elke, etwas Besonderes zu unternehmen. Sie wollte nach Jahren die Lieblingsstelle ihrer Kindheit am Waldrand aufsuchen. Dort hatte sie oft gespielt und in ihrer Erinnerung viele wunderbare Momente verbracht.

Eines Tages lenkt sie nun ihre Schritte bewusst in diese Richtung. Sie ist unterwegs auf der Seitenstraße, die zum Wald führt. In dieser Straße wohnten vor vielen Jahren Kinder in Elkes Alter. Freundinnen. Schulkameraden. Spielgefährten. Mit gemischten Gefühlen geht Sie an den

Häusern vorbei. Manche haben ein neues Dach, eine andere Farbe oder gar einen Balkon bekommen. So vieles hatte sich ereignet in den vergangenen Jahrzehnten, die nun zwischen der erwachsenen Frau und dem spielenden Kind liegen.

Ihre Erinnerung weckt die Wehmut. War es nicht erst kürzlich, dass sie mit ihren kleinen Puppen in einem Tragetäschchen diese Straße entlangging, um auf ihrem großen Stein zu spielen? Wo sind all die Jahre geblieben? Und ihr wird bewusst, dass das Leben wirklich nur einen Augenblick währt.

Gedankenverloren lässt sie die Häuser rechts wie links hinter sich und trifft am Waldrand ein. Dort liegt er: ihr großer Stein. Sie sieht ihn an und ist verwundert. Wie klein er doch in Wirklichkeit ist. Und als sie spürt, wie eine sanfte Brise durch ihr ergrautes Haar weht, entflieht sie in Gedanken dem Hier und Jetzt. Sie nimmt Platz auf dem vertrauten felsigen Grund, der früher einmal größer war, und auf einmal sind sie da: die Erinnerungen und Träume von damals. Der Zauber ihrer Kindheit, auf ihrem großen Stein unter der alten Eiche, ist ungebrochen. Wie oft hatte sie hier mit ihrem Püppchen gesessen.

Ein paar Meter weiter, jenseits des Weges, stehen hohe Tannen dicht an dicht. In ihren Spitzen wird die sanfte Brise zu einem rauschenden Wind, der die stämmigen Herrschaften in ihren Kronen zu verbiegen vermag. Das hat Elke schon immer fasziniert. Jedes Mal, wenn sie damals das Rauschen hörte, war schlechtes Wetter angesagt. Jedenfalls für ihr Püppchen, das daraufhin schnell warm angezogen werden musste. Waren die Tannen aber ganz still und ragten einfach majestätisch in den blauen Himmel, freute sie sich mit ihrem Püppchen über den Sonnenschein.

Elke mustert sorgfältig ihren Stein; er liegt immer noch an der gleichen Stelle. Er scheint ein wenig tiefer ins Erdreich gesunken zu sein, sicher ist sie sich aber nicht. Nur über eines wundert sie sich: In ihrer Erinnerung war der Stein *vieeeel* größer.

Mit ihren Händen streicht sie über die ausgeprägte Maserung, die hier und da von Moos bewachsen ist. Sie erinnert sich, wie besonders es für sie war, ihrem Püppchen diesen „Garten" bieten zu können. Kleine Hölzchen, die überall herumlagen, brach sie damals passend zurecht, sodass es auch einen Zaun für das kleine Idyll gab.

Sie war immer eine gute Puppenmutter gewesen. Ihr Püppchen war zwar nur drei Zentimeter groß, doch sie war glücklich, überhaupt ein solches zu besitzen.

In ihrer Fantasie hatte sie damals den großen Stein in Küche und Schlafzimmer unterteilt. Und natürlich gab es auch einen Tisch, einen Stuhl und ein Bettchen, denn ein Puppenbaby musste ja auch schlafen, damit die Puppenmama sich um den Haushalt kümmern konnte.

Elke verspürt ein wohliges Gefühl und Dankbarkeit an diesem kleinen Platz des Glücks. An vielen Tagen im Sommer hatte sie unzählige Stunden auf dem schönen warmen Stein verbracht. Dem großen Stein, der eigentlich nur ein kleiner war. Oder ist er doch ein großer?

„Wie schön ist es,
am Leben zu sein und das Licht
der Sonne zu sehen!
Freu dich über jedes neue Jahr,
das du erleben darfst!“
Prediger 11,7–8

4.

Erinnerungen
an eine Milchkanne

Bei meinen Besuchen im Seniorenheim begegnete ich eines Tages einem Neuankömmling, den ich bereits kannte. „Kennen" ist vielleicht etwas übertrieben, aber wir hatten uns schon des Öfteren gesehen und auch miteinander gesprochen.

Als ich Herrn Müller kennenlernte, lebte seine Frau noch. Leider war sie nicht mehr so gesund. Darunter litt auch der gesamte Haushalt der Müllers. Doch die Schwester seiner Frau, die mit im Haus wohnte, kümmerte sich um die beiden Senioren und versorgte sie mit Lebensmitteln und täglich mit dem Mittagessen. Allerdings war sie selbst auch schon betagt und wurde mit einem Mal pflegebedürftig. Jetzt war die Schwägerin, die so lange geholfen hatte, selbst auf Hilfe angewiesen.

Nachdem ich damals von der Situation des Ehepaars Müller erfahren hatte, besuchte ich die beiden zu Hause und bot ihnen an, für sie ein- bis zweimal in der Woche zu kochen. Wir kamen darüber weiter ins Gespräch und sie schwärmten mir vor, wie fürsorglich sie von ihrer Schwester bzw. Schwägerin umsorgt worden waren. Auch berichteten sie von ihrer Zugehfrau, die ihnen im Haushalt half, und den guten Tagen, an denen sie ein paar Handgriffe in ihrem geliebten Ziergarten verrichteten. Auch wenn ihnen vieles nicht mehr möglich war, wussten sie sich dennoch zu helfen und helfen zu lassen. Frau Müller erklärte mir: „Mein Mann fährt ja noch Auto und so haben wir in der nahe gelegenen Gaststätte vereinbart, dort jeden Tag unser Mittagessen abzuholen. Natürlich jetzt auch für meine Schwester, denn das ist das Wenigste, was wir für sie tun können. Das schaffen wir und geht alles ganz gut."

Durch die Blume gab sie mir damit zu verstehen, dass sie momentan keine weitere Hilfe bräuchten. Ich wollte mich natürlich auch nicht aufdrängen, gab den beiden aber trotzdem meine Telefonnummer und sagte: „Wenn Sie mal

Lust haben, etwas Besonders zu essen, können Sie mich anrufen. Ich bin sofort zur Stelle."

Monate später traf ich Herrn Müller bei einem Spaziergang wieder. Ich sprach ihn an. „Hallo, Herr Müller", sagte ich. „Wie geht es Ihnen und Ihrer Frau?" Er sah mich etwas gedankenverloren an, erkannte mich aber dann. Er war immer noch geistig bei der Sache und erklärte mir, dass seine Frau leider schon vor einiger Zeit gestorben war. Er wohnte aber noch zu Hause und hätte jetzt „Essen auf Rädern" bestellt.

Jetzt, ein halbes Jahr nach unserer Begegnung beim Spaziergang, lebte er im Seniorenheim. Ich saß gerade mit einem Bewohner, den ich besuchte, in der kleinen Cafeteria des Hauses an einem Tisch, als Herr Müller eben dort auch einen Tisch ansteuerte. Noch bevor er sich setzen konnte, sprach ich ihn an: „Wollen Sie sich nicht ein wenig zu uns gesellen?" Er nahm die Einladung dankend an und wir kamen wieder einmal ins Gespräch. „Ja", sagte er, „wissen Sie, ich war doch sehr alleine in unserem großen Haus. Nachdem meine Schwägerin in ein Pflegeheim gekommen und meine Frau verstorben war, war das Haus so leer. Ich hatte niemanden um mich, keine Unterhaltung mehr und wurde einfach sehr traurig. Wenn man weder Kinder noch Enkel um sich hat, fragt man sich, auf was man hier noch warten soll." Er hielt einen Moment inne und fuhr dann dort: „Wir hatten uns ein sehr schönes Haus gebaut und waren viele Jahre sehr glücklich, das muss ich zugeben. Auch dass der liebe Gott uns hat alt werden lassen. Natürlich hätten wir gerne noch ein wenig länger zusammengelebt, aber ich will nicht undankbar sein."

Wir unterhielten uns sehr angeregt über so mancherlei Dinge des Lebens. Auf einmal aber wurde Herr Müller sehr still. Ich bemerkte, wie er seinen Gedanken nachhing, störte ihn darin aber nicht. Stattdessen unterhielt ich mich mit dem Bewohner, dem mein Besuch galt, leise weiter. Nach einer Weile sprach Herr Müller mich wieder an, er sagte: „Wissen Sie, was ich nicht verstehe. Wir hatten wie so viele Leute eine kleine Landwirtschaft, ohne die kaum jemand überleben konnte. Als kleiner Junge kam ich einmal aus der Schule nach Hause, doch niemand war da. Mutter war nicht im Haus, niemand im Stall und zu essen war auch nichts da, obwohl ich natürlich großen Hunger hatte. An diesem Tag, es war ein heißer Sommertag, lief ich hungrig hinaus auf unser Feld. Als ich dann schwitzend meine El-tern erreicht hatte, was ein weiter Weg war, war ich froh. Doch bevor ich überhaupt etwas sagen konnte, herrschte meine Mutter mich an: ‚Hast du uns wenigstens Wasser mitgebracht? Wir haben nichts zu trinken, lauf nach Hause und hol uns Wasser!' Ohne ein Wort zu sagen, mit Tränen in den Augen, machte ich kehrt und lief nach Hause zurück. Ich sah mich im Haus um. Womit sollte ich so viel Wasser aufs Feld bringen, dass beide Eltern genug zu trinken hatten und ich nicht noch einmal ausgeschimpft wurde? – Da sah ich auf der Kellertreppe unsere Milchkanne stehen. Es war noch etwas Milch darin. Welch ein Glück! Meine Rettung. Ich trank die Kanne leer und fühlte mich gestärkt. Anschließend spülte ich die Kanne, füllte sie voll Wasser und verschloss sie mit dem Deckel. So konnte ich sie recht gut transportieren. In der sengenden Hitze schleppte ich als kleiner Junge die schwere Kanne aufs Feld. Meine Eltern waren natürlich froh, als ich kam, und sie waren auch wieder gut mit mir, aber ..."

Herr Müller wischte sich eine sich anbahnende Träne aus dem Augenwinkel und fuhr fort: „Wissen Sie, ich konnte das einfach nie vergessen. Ich war doch noch so klein. Warum hat meine Mutter so etwas gemacht? Es war so ungerecht. Ich werde es nie verstehen. Wie konnte sie im Sommer ohne Wasser aufs Feld gehen und mich spüren lassen, es wäre meine Schuld, nur weil ich ohne Wasser gekommen war? Daran zu denken, tut heute noch weh."

An unserem Tisch blieb es einen Moment lang still. Dann erhob sich Herr Müller, bedankte sich für die

Unterhaltung und ging in Richtung seines Zimmers davon. Ich sah ihm hinterher und ertappte mich selbst dabei, wie ich mich in Gedanken fragte, ob diese ungerechte und schmerzliche Erfahrung als Kind in ihm hat die gute Fürsorge reifen lassen, die er selbst für seine Lieben an den Tag gelegt hatte. Vielleicht hatte er sich aber auch daran erinnert, weil wir einfach darüber gesprochen hatten, wie es ist, allein zu sein. Ich weiß es nicht. Sich zu erinnern geht im Alter oft mit Melancholie einher und ist wie ein Stück Heimweh haben, vor allem dann, wenn nichts mehr ist, wie es vorher einmal war.

„Der Herr wird dir gewiss Gnade erweisen,
wenn du um Hilfe rufst;
sobald er es hört, antwortet er dir!"
Jesaja 30,19

5.

Der Herzenswunsch

Frau Link war wirklich eine nette Person. Veronikas Mutter hatte sie im Rahmen einer Familienberatung kennengelernt. Die beiden Frauen hatten sich auf Anhieb verstanden. So kam es, dass Frau Links kleiner Wagen nun auch des Öfteren vor der Wohnung von Frau Gerz hielt.

Während ihrer Besuche unterhielt sich die ältere Dame gerne mit Veronika, der Tochter von Frau Gerz, der sie hin und wieder beim Spielen zusah. Doch als Lehrerin ermahnte sie Veronika auch, an die Hausaufgaben zu denken. Die erledigte das kleine Mädchen – natürlich unter Aufsicht ihrer Mutter.

Eines Tages aber vertraute sich Veronika unvermittelt Frau Link an. Sie erzählte ihr, dass es ihr so leidtue, dass sie nicht mit ihren Puppenkindern spazieren gehen könnte, denn sie hätte ja keinen Puppenwagen. So sehr wünschte sie sich einen Wagen, vielleicht zum Geburtstag oder zu Weihnachten.

„Aber", sagte sie, „ich möchte keinen aus Holz oder Korb, die gefallen mir nicht. Ich will einen richtigen. Er soll so aussehen wie ein richtiger Kinderwagen." Und sie fuhr traurig fort: „Allerdings weiß ich auch, dass so einer sehr teuer ist. Viel zu teuer für Mama. Deshalb bin ich oft traurig."

Frau Link, die viel Mitgefühl besaß, konnte sich gut in die Gedanken des kleinen Mädchens hineinversetzen. Sie verstand sofort, welch großen Herzenswunsch ihr das Kind da anvertraut hatte.

Sie beschloss, sich der Sache anzunehmen und sagte beim Verabschieden zu Veronikas Mutter: „Es wird sich doch ein Puppenwagen für das Kind finden lassen. Ich höre mich mal um. Es muss ja kein neuer sein."

Veronika hatte von Frau Links Vorhaben nichts mitbekommen, sie war schon seit einer ganzen Weile zum Spielen im Hof. Das war auch gut so, denn sollte das ganze Vorhaben von Frau Link nicht klappen, konnte das Kind auch nicht enttäuscht sein.

Drei Wochen später kam Frau Link wieder zu Besuch und überraschte Frau Gerz mit einer frohen Botschaft: „Es gibt da einen Puppenwagen, der hat zwar eine kleine Macke im Lack, aber die kann man ausbessern. Die Besitzer würden sich freuen, einem kleinen Mädchen damit Freude bereiten zu können. Denn ihre Tochter hatte zwei Söhne zur Welt gebracht und ein weiteres Kind wollte das Paar nicht mehr haben. Deshalb erscheint es ihnen angebracht, den schönen Wagen an eine gute Puppenmama zu verschenken."

Nachdem Frau Link den Besitzern des Puppenwagens mehrfach versprochen hatte, dass der größte Wunsch des Kindes mit diesem Wagen in Erfüllung ginge und das Mädchen den Wagen ganz gewiss in Ehren halten würde, war die Schenkung besiegelte Sache.

„Es gibt da aber noch ein Problem", sagte Veronikas Mutter zögerlich. „Wie kommt der Wagen aus der Stadt hier aufs Land?"

„Lassen Sie mal, Frau Gerz", sagte die Lehrerin, „ich lasse mir da was einfallen."

Da der Wagen nicht in das kleine Auto von Frau Link passte, blieb ihr keine andere Wahl, als mit dem Bus aufs Dorf zu fahren. So kam es, dass sie eines schönen Tages den Puppenwagen von der Haltestelle durch das gesamte

Dorf schuckelte. Und bei vielen, die die ältere Lehrerin mit dem wundervollen Puppenwagen sahen, hinterließ der Anblick ein Schmunzeln im Gesicht.

Veronika ahnte nicht, dass an diesem Nachmittag ihr größter Herzenswunsch in Erfüllung ginge. Sie war schier aus dem Häuschen, als sie erfuhr, dass sie diesen wunderschönen Wagen behalten durfte. Sie versprach Frau Link, ihn in Ehren zu halten. Und zum ersten Mal spürte sie in ihrem kindlichen Herzen, wie es sich anfühlte, wirklich glücklich zu sein. Jedenfalls deutete ihre Mutter das Strahlen auf dem Gesicht ihrer Tochter so, als diese sich noch einmal bei Frau Link für den Puppenwagen bedankte. Und auf ihre eigenen anerkennenden Worte für die außerordentliche Hilfe folgte von diesem Moment an eine tiefe und langjährige Freundschaft zwischen den beiden Frauen.

„Und wer einem von diesen gering Geachteten
auch nur einen Becher kaltes Wasser zu trinken gibt,
einfach weil er mein Jünger ist, der wird –
das versichere ich euch – nicht ohne Lohn bleiben."
Matthäus 10,42

6.

Unerhörte Abendständchen

In meiner Kindheit wurde sehr viel gesungen. Nicht nur in den örtlichen Gesangvereinen, sondern auch zu Hause bei der Hausarbeit. Oft hörte man im Frühling und Sommer, wenn die Fenster zum Lüften der Wohnungen offen standen und Bettdecken und Kissen herausgehangen waren, glockenhelle Stimmen mit den Melodien bekannter Volkslieder: *„Der Mai ist gekommen, die Bäume schlagen aus"* oder *„Am Brunnen vor dem Tore, da steht ein Lindenbaum"*. Und auf der Straße hörte man gelegentlich von den Wanders- und Kaufleuten, die von Dorf zu Dorf zogen, ein *„Muss i denn, muss i denn zum Städele hinaus"*.

Direkt gegenüber von uns wohnte eine Familie mit mehreren Kindern. Die älteste Tochter war sehr hübsch und soll auch blitzgescheit gewesen sein. Jedenfalls gab es in diesem Hause ein Klavier, was damals für einen privaten Haushalt äußerst selten war. Oft hörten wir, wie die junge Frau Übungsstunden bekam. Dann wurde die immer gleiche Melodie gespielt. Oder aber wir vernahmen ein wirres Geklimper ihrer jüngeren Geschwister. Wurde es dann meiner Mutter zu viel, schloss sie unser Fenster.

Da das junge Fräulein wie schon erwähnt sehr hübsch war, ließen die Verehrer nicht lange auf sich warten. Eines lauen Sommerabends hörten wir nämlich plötzlich Gesang. Doch nicht der glockenhellen Art, wie wir ihn kannten. Meine Mutter sagte: „Das sind doch Männerstimmen." Wir gingen ans Fenster und öffneten es. Und siehe da: Unten auf der Straße standen gleich drei junge Männer mit einer Gitarre.

In der ganzen Nachbarschaft öffneten sich nach und nach die Fenster, was uns keineswegs verwunderte angesichts der schönen Stimmen. Viele Nachbarn hörten zu und warteten, was als Nächstes geschehen würde, während die drei Herren unter anderem Liebeslieder von Joseph Schneider und aus Operetten sangen. Wir hörten: *„Liebling, mein Herz lässt Dich grüßen"*, *„Dein ist mein ganzes*

Herz" und zum Schluss „*Die kleine Stadt will schlafen gehen*". Meine Mutter hatte Tränen in den Augen, so gerührt war sie.

Allerdings blieben an dem gegenüberliegenden Haus, dessen Bewohnerin der Gesang schließlich galt, alle Fenster geschlossen. Kein Vorhang bewegte sich.

Nach einiger Zeit zogen die drei Sänger ein wenig enttäuscht ab, allerdings nur, um gleich am nächsten Abend wiederzukommen.

Für uns gab es also ein zweites Konzert, als im Dämmerlicht „*Sah ein Knab ein Röslein stehn*" erklang. Zunächst hörte man leise verhaltenen Applaus, bis schließlich alle, die an ihren Fenstern gelauscht hatten, laut Beifall klatschten. Wir freuten uns einfach, in diesen herrlichen Genuss gekommen zu sein, und harrten weiter auf einen glücklichen Ausgang der liebevollen Aufwartung.

Doch weder an diesem noch am darauffolgenden dritten Abend öffnete sich das Fenster der jungen Dame. Warum die junge Schöne die drei Sänger nicht erhören wollte, blieb ihr Geheimnis. Nur morgens öffnete sich ihr Fenster. Wir sahen wie Kissen und Bettdecken herausgehangen wurden und hörten eine glockenhelle Stimme. Sie war wunderschön wie immer.

„Liebe nimmt alles auf sich,
sie verliert nie den Glauben oder die Hoffnung
und hält durch bis zum Ende.
Die Liebe wird niemals vergehen."

1. Korinther 13,7–8

7.

Sonderschicht für das Christkind

Der Nikolaustag war bei uns immer ein besonderes Fest. Am Vorabend des 6. Dezember 1958 zogen mein 15-jähriger Bruder Norbert und sein zwei Jahre älterer Freund, der groß gewachsen war, durch unser Dorf. Viele unserer Freunde und Bekannten wussten, dass an diesem Abend der Nikolaus mit seinem Gehilfen kommen würde.

Einige hatten die beiden gebeten, bei ihnen vorbeizuschauen, denn ihre Kinder seien nicht immer brav gewesen. Sie müssten einmal ordentlich ermahnt werden und auch die Rute dürften sie mal sehen.

Angesichts ihres Vorhabens und ihrer gelungenen Umsetzung lag nichts näher, als dass unsere Freunde und Bekannten mich wenig später fragten, ob ich als Mädchen nicht an Weihnachten das Christkind spielen wolle. Ich gab mein Ja dazu, sodass der nächste weihnachtliche Besuch geplant werden konnte.

Es war damals üblich, aus nichts etwas auf die Beine zu stellen. Meine Mutter war darin sehr kreativ. Sie holte ihr Hochzeitskleid, das sie noch besaß, vom Speicher. Es wurde gekürzt und für mich einigermaßen passend gemacht. Aus einem Karton und einem alten Betttuch schnitt sie die Flügel für das Christkind-Kostüm zurecht. Mit einem Gummiband wurden diese dann um meine Arme und über den Schultern befestigt. Sie waren Engelsflügeln gleich. Aus der restlichen Pappe bastelte mir mein Bruder eine Krone, die er mit gelber Wasserfarbe bemalte. Und über meinen Kopf und das Gesicht zog ich eine Gardine, sodass ich noch genug sehen und atmen konnte.

So verkleidet und mit einem Glöckchen in der Hand besuchte ich die Familien, die mich eingeladen hatten. Mit großen erstaunten Augen sahen die Kinder mich an und sagten ehrfurchtsvoll ihre auswendig gelernten Gedichte auf. Anschließend verteilte ich, das Christkind, die Geschenke – an die Großen und vor allem an die Kleinen.

Zum Schluss sangen wir gemeinsam Weihnachtslieder, deren Klang mich noch ein Stück des Weges begleitete, hinaus aus dem hell erleuchteten Wohnzimmer in die sternenklar funkelnde Nacht.

Doch was war das? Auf einmal öffnete sich drüben auf der anderen Straßenseite ein Fenster und eine Stimme rief: „Christkind, wir wissen ja, dass du es eilig hast, aber bitte komm doch auch zu uns, auch wenn es nur kurz ist. Unsere Kinder möchten dich so gerne sehen! Sie warten doch schon so lange und ungeduldig auf dich!"

Diese Eltern kannten mich nicht und wussten also auch nicht, wer da eigentlich als Christkind unterwegs war, aber sie sagten sich wohl: „Das Christkind eben."

So besuchte ich viele weihnachtliche Wohnzimmer, auch wenn die Bescherung manchmal schon geschehen war. Nichtsdestotrotz herrschte überall große Freude über den Besuch des Christkinds, denn es hatte sich einfach Zeit genommen vorbeizuschauen.

Spät am Abend und selbst mit Geschenken beladen kam ich nach Hause. Nun gab es bei uns Bescherung. Sie war großartig. Wir hatten viel Freude an all den herrlichen Dingen, die mir die dankbaren Mütter eingepackt hatten. Da gab es Süßigkeiten, Wurst in Dosen, Obst, Eier und Gebäck. Wir fühlten uns reich beschenkt. Und mein Herz war voller schöner und friedvoller Begegnungen, als wir nun gemeinsam ein Weihnachtslied anstimmten.

„Denn es ist erschienen
die heilsame Gnade Gottes
allen Menschen."
Titus 2,11

8.

Der Traum
von meinem Vater

Meine Eltern waren zwar verheiratet, doch sie lebten aus nur ihnen bekannten Gründen nicht zusammen. Ich vermisste meinen Vater sehr.

Viele Schulkameradinnen sah ich sonntags mit ihren Eltern spazieren gehen. Doch es gab auch noch andere Kinder, die nur an der Hand der Mutter gingen. Auch ihnen fehlte der Vater. Entweder war er im Krieg gefallen oder man hoffte auf ihn als Rückkehrer aus der Gefangenschaft. 1950 war der Krieg Gott sei Dank vorbei, allerdings kamen noch immer vereinzelt Männer aus Gefangenenlagern zurück. Mein Vater gehörte aber nicht zu diesen Spätheimkehrern – das war alles, was mir meine Mutter zum „Thema" Vater zu erklären wusste.

Während ich vom Kind zur Frau wurde, hatte ich öfter den gleichen Traum. Ich träumte, ich hätte meinen Vater gefunden und würde vor seiner Haustüre stehen. Auf dem Schild der Klingel sah ich seinen Namen, also läutete ich. Eine gut aussehende Dame öffnete mir die Tür. Sie sah mich etwas ratlos an, woraufhin ich ihr sagte, dass ich gern den Herrn Müller sprechen möchte.

Danach fragte sie nach meinem Namen.

Ich sagte ihr, dass ich diesen Herrn Müller gerne selbst sagen wollte.

Sie sah mich ein wenig skeptisch an, nahm mich aber trotzdem mit hinauf in den ersten Stock. Sie öffnete mir die Wohnzimmertür und sagte: „Albert, du hast Besuch."

Da auf dem Kanapee lag er, mein Vater. Er hatte wohl geschlafen.

Ich stand auf einmal vor ihm, und als er sich von seinem Lager erhob, sagte er zu mir: „Tut mir leid, ich kenne sie nicht."

Zögernd sagte ich: „Ich bin deine Tochter."

Er schloss mich in seine Arme.

An der Stelle wachte ich meist auf und musste feststellen,

dass ich wieder einmal nur geträumt hatte. Doch je mehr ich an meinen Vater dachte, desto öfter wiederholte sich mein Traum.

Das Einzige, was meine Mutter von ihm erhielt, war von Zeit zu Zeit etwas Geld. Und nachdem ich sie wieder einmal unaufhörlich nach dem Aufenthalt meines Vaters gefragt hatte, erklärte sie mir, dass er nun bei einer anderen Frau lebte, die er im Krieg kennengelernt hatte.

Irgendwann entdeckte ich zufällig einen Briefumschlag, auf dem mein Vater als Absender zu lesen war. Eilig holte ich Papier und Bleistift und schrieb mir die Adresse ab, man konnte ja nie wissen.

Lange Zeit war mein Traum die einzige und imaginäre Verbindung zu meinem Vater. Doch dann hörte ich von einem Bekannten meiner Mutter, dass er in der besagten Stadt (es wurden dort weltbekannte Orgeln gebaut), in der mein Vater lebte, geschäftlich zu tun hatte. Ich witterte eine Chance.

Auf meine Frage, ob ich einmal mit ihm dort hinfahren könnte, sagte er Ja. Ich müsste mich nur in der Stadt gedulden, bis er alles erledigt habe. Das war das kleinste Problem. Ich erzählte meiner Mutter nichts von alldem und verschwand unter einem Vorwand für einen Tag.

Was soll ich sagen, merkwürdigerweise geschah alles

genau so, wie ich es geträumt hatte. So als hätte jemand all das vorbereitet oder besser gesagt mich auf diesen Tag vorbereiten wollen.

Mein Vater lag dort auf dem Kanapee und sah mich mit großen Augen an.

„Tut mir leid, ich kenne sie nicht!", sagte er zu mir.

Und endlich konnte ich ihm von Angesicht zu Angesicht sagen: „Ich bin deine Tochter."

„Haltet an dieser Hoffnung fest,
zu der wir uns bekennen,
und lasst euch durch nichts davon abbringen.
Ihr könnt euch felsenfest auf sie verlassen,
weil Gott sein Wort hält."
Hebräer 10,23

9.

Zwei Mark
für ein Lächeln

Ellis Aufgabe war es, den „Hausfreund" zu verteilen, eine seriöse Wochenzeitschrift mit dem aktuellen Radioprogramm. Einige Leute im Dorf hatten sie abonniert. Wenn Elli die Zeitschrift an die Türen brachte, fiel den Leuten jedes Mal das „Kränzchen" des neunjährigen Mädchens auf.

Elli war ein hübsches und groß gewachsenes Kind mit langem, sehr langem goldblonden Haar. Ihre Mutter wusste aus Ellis Haarpracht immer etwas Besonderes zu machen. Aus Frankreich habe sie das gelernt, hatte sie ihre

Tochter wissen lassen. Sie hatte dort vor ihrer Hochzeit gelebt und sich so manche Frisur abgeschaut. Nun war sie froh, all die erlernten Fähigkeiten bei ihrer Tochter drehen, stecken und flechten zu können.

Am liebsten mochte Elli das geflochtene Kränzchen. Die Frisur passte perfekt zu Ellis lieblichem Gesicht. Sie sah aus wie in einem Frisurenjournal. Manchmal, wenn es zu heiß war, überredete sie ihre Mutter, auch mal Zöpfe zu flechten oder sogenannte „Affenschaukeln". Doch das Kränzchen war immer noch die beste Frisur. Wenn sie nicht so doll herumtobte, musste ihre Mutter diese Frisur sogar nicht täglich erneuern, dann hielt sie schon mal zwei Tage.

Als sie eines Tages wieder mal mit dem Kränzchen auf dem Haupt losging, um den „Hausfreund" zu verkaufen, begegnete ihr im Dorf ein fremder Mann. Sie grüßte ihn freundlich, so wie es damals üblich war. Elli sah gleich, dieser Fremde war ein feiner Herr, denn er war gut gekleidet. Die meisten anderen Männer im Dorf trugen werktags ja Arbeitskleidung.

Der Fremde lächelte sie an, und als er schon fast an ihr vorbeigegangen war, rief er: „He, kleine Dame, komm doch mal her!" Elli drehte sich um. Da stand der Herr und wartete auf sie. Sie machte ein paar Schritte auf ihn zu, aber nicht zu viele, damit sie nicht zu nah an ihn herankam.

„Kind, wer macht dir denn eine so schöne Frisur und wer hat dich gelehrt, so nett zu grüßen?"

Elli war etwas verlegen, doch nach einigem Zögern antwortete sie lächelnd: „Meine Mama."

Der fremde Herr lächelte zurück und bestaunte noch einmal das fein geflochtene Kränzchen. Dann griff er in die Tasche seiner Jacke, holte zwei Mark heraus und gab sie Elli mit den Worten: „Das ist für die schöne Frisur und dein Lächeln."

Elli blickte ihn mit großen Augen an, bedankte sich und sah, wie der Herr sich umdrehte und seiner Wege ging. Sie blieb einen Moment lang wie angewurzelt stehen. War ihr Kränzchen so bewundernswert?, fragte sie sich. Sie konnte es nicht glauben, doch dann sah sie noch einmal in ihre Hand. Das Geld war immer noch da.

Sie besann sich ihrer Aufgabe, den Hausfreund in die Häuser zu bringen und zu verkaufen. Bei manch einem, der die Zeitschrift bestellt hatte, bekam sie auch ein kleines „Trinkgeld" – 60 statt 55 Pfennig.

Zu Hause erzählte Elli die schöne Geschichte, die ihr passiert war, und überreichte strahlend ihrer Mutter das Geld. Ihre Mutter wusste indes wer der Herr war, den ihre Tochter so freudestrahlend beschrieb. Dieser feine Herr war zu Geld gekommen und hatte ihr schon öfter etwas zugesteckt. Trotz des vielen Geldes waren er und seine Frau fromm und gottesfürchtig geblieben. Sie spendeten gerne für die Kirche und an arme Leute, die weniger hatten als sie.

Ellis Mutter dankte wieder einmal ihrem Herrgott und freute sich mit ihrer Tochter über das außergewöhnlich hohe „Trinkgeld".

„Gebt, was ihr habt,
dann werdet ihr so überreich beschenkt werden,
dass ihr gar nicht alles aufnehmen könnt."
Lukas 6,38

10.

Ein Gebet für
was Schönes

Die Tochter meiner Nachbarin heißt Lore. Damals war das kleine Mädchen oft sehr krank. Sie bekam immer wieder eine Bronchitis, sehr oft auch eine Lungenentzündung. Penicillin war Ende der 1940er-Jahre noch in weiter Ferne, daher riet der Hausarzt zu einer aufwendigen Prozedur: das Kind gut mit Schmierseife einzureiben und warm einzuwickeln.

Wir und auch andere Nachbarn beteten oft für Lores Genesung. Wenn sie es wieder einmal geschafft hatte, waren alle glücklich.

Gott sei Dank war Lore ein geduldiges Kind, meist schlief sie lange, dadurch erholte sich der kleine Körper schnell von den Strapazen der Behandlung. Sobald es ihr besser ging, verbrachte sie viel Zeit damit, sich Kinderbücher anzuschauen. Meist waren es immer dieselben, denn eine große Auswahl besaß sie nicht. Vor allem liebte sie das Walt-Disney-Buch ihres Bruders „Der König des Waldes". Er erlaubte ihr, das Buch anzuschauen. Sie liebte Bambi, das Rehkitz und Kind des großen Hirsches, dem König des Waldes.

Zwei Mal war es bereits vorgekommen, dass Lore zu genau der Zeit krank war, als bei uns im Dorf der große Jahrmarkt stattfand. Jedes Jahr war es ein großes Ereignis, wenn die Buden zum Kirchweihfest aufgestellt wurden.

Als die Zeit für das Fest näher rückte, betete Lore abends: „Lieber Gott, lass mich nicht wieder zum Markt krank sein." – Doch auch in diesem Jahr passierte es wieder. Wir alle waren mit Lore sehr traurig.

Nun setzte sich die Mutter an Lores Bett und erklärte ihr, dass sie mit ihrem Bruder trotzdem auf den Markt gehen würde. Lore vergoss natürlich ein paar Tränen, auch weil erschwerend hinzukam, dass sie allein zu Hause bleiben musste. Ihr Onkel, ihre Tante und ihr Opa waren leider alle auf dem großen Markt verpflichtet.

„Aber nicht so lange", bat Lore.

„Ich verspreche dir auch etwas Schönes mitzubringen", sagte ihre Mutter.

„Bitte nichts Süßes, sondern etwas, das ich aufheben oder womit ich spielen kann", sagte Lore und freute sich schon.

Ihre Mutter versicherte ihr, nicht so lange zu bleiben und zog gemeinsam mit Lores Bruder los. Als die beiden auf den Platz kamen, war das bunte Treiben bereits voll im Gange. Das Wetter war sonnig und es herrschte gute Stimmung. Busse hatten Menschen aus den Nachbardörfern zu dem Fest gebracht, und Gaukler, Zauberer und Schausteller zeigten an allen Ecken ihre Künste. Wie sehr hätte sich Lore über all die schönen Dinge, die es hier zu sehen gab, gefreut, dachte ihre Mutter. Auch die Schiffschaukel war wieder da. Lore schaukelte doch so gern. Überall war Musik und in der Luft lag der Duft leckerer Spezereien. Unter anderem roch es nach Magenbrot und gebrannten Mandeln, die auch Lore gerne aß, aber sie wollte ja nichts zu essen mitgebracht haben.

Viele erkundigten sich bei der Mutter nach Lore. Die meisten waren sehr berührt und traurig. „Das arme Kind!"

Als Lores Mutter begann, sich nach einem Geschenk umzuschauen, fand sie nichts Passendes, das sie hätte kaufen können. Sie stand letzten Endes mit ihrem Sohn vor einer Losbude, aber da gab es ja nur Dinge zu gewinnen. „Vielleicht hast du ja Glück und gewinnst etwas Schönes", sagte sie hoffnungsvoll zu ihm, als sie ihm ein paar Lose kaufte.

Leider gewann er nichts.

Auf einmal aber rief Lores Bruder: „Mama, schau mal dort das süße Rehkitz. Das ist doch das Gleiche wie bei Walt Disney." Nach einem Moment des Suchens sah auch sie es – Bambi. Es wäre das ideale Geschenk für Lore. Doch wie sollten sie es gewinnen?

Schweren Herzens gab sie ihrem Sohn noch einmal Geld für drei Lose. Geld, von dem sie nicht so viel besaß. Eine kleine Pfeife war alles, was er gewann. Die beiden waren sehr enttäuscht und schauten immer wieder hoch zu Bambi.

Die Frau an der Losbude hatte die Mutter und ihren Sohn wohl schon eine Zeit lang beobachtet. Sie sah in die traurigen Gesichter und fragte den Kleinen: „Was hättest du denn gerne gewonnen?" Er antwortete wahrheitsgemäß: „Das Kitz da oben."

„Oh, da muss man schon viel Glück haben, wenn man das gewinnen will. Warum muss es denn gerade das Kitz sein?", fragte die Losverkäuferin.

Da bekam Lores Bruder wässrige Augen und erklärte stockend: „Es soll für meine Schwester sein, sie ist sehr krank und kann nicht mit uns hierher gehen. Und das schon zum dritten Mal. Wir wollen ihr etwas ganz Schönes mitbringen, weil sie so traurig ist."

Die Losverkäuferin sah zu Lores Mutter und sagte: „Ihr Sohn hat mir das gerade so lieb erklärt von seinem Schwesterchen, dass ich ihm jetzt das Kitz aus der oberen Etage hole, damit sich ihre Tochter freuen kann."

Kurz darauf hielt er das Kitz in der Hand. Er war hin und weg.

„Weil deine Augen so schön strahlen, schenke ich es dir – für deine kranke Schwester. Ich wünsche ihr, dass sie ganz schnell wieder gesund wird."

Lores Mutter, die ganz überrascht war und bereits Sorge um die finanzielle Ausgabe für das Kitz gehabt hatte, bedankte sich für die Großzügigkeit der Losverkäuferin. Doch diese entgegnete nur: „Jeden Tag eine gute Tat, das gibt es auch in unserem Geschäft." Anschließend machten sich Mutter und Sohn beseelt auf den Heimweg.

Lore hörte die beiden natürlich kommen, sie war glücklich, nicht mehr allein zu sein. Und als die beiden zu ihr ins Zimmer kamen und ihr die Tüte gaben, schrie sie vor Begeisterung.

„Das ist ja Bambi!" Und es sprudelte nur so aus ihr heraus: „Mama, ich habe so doll gebetet, dass ihr was Schönes für mich findet und da bringt ihr mir das Schönste mit, was ich mir je gewünscht habe."

Bambi bekam die Nacht einen Ehrenplatz auf dem Schrank, sodass Lore das Kitz gleich sehen konnte, sobald sie am nächsten Morgen die Augen öffnen würde. Doch bevor sie einschlief, hielt sie das Stofftier fest im Arm und dankte dem lieben Gott, dass er ihre Mutter und ihren Bruder hatte so etwas Schönes finden lassen.

> *„Der Gott der Hoffnung aber erfülle euch*
> *mit aller Freude und Frieden im Glauben,*
> *dass ihr immer reicher werdet an Hoffnung*
> *durch die Kraft des Heiligen Geistes."*
> Römer 15, 13

II.

Die Hand aus der Wolke

Wenn ich morgens an meinem Frühstückstisch sitze, genieße ich einen Moment der Stille. Bevor ich die Tageszeitung mit einem winzigen Schritt vor die Haustüre aus dem Rohr hole, nehme ich mir bewusst Zeit und sage Gott, meinem himmlischem Vater, Danke.

Für meinen Tisch, dass ich ihn hab decken können mit Lebensmitteln, die ich gerne mag.

Dass meine Füße in warmen Hausschuhen stecken und dass ich meine Wohnung heizen kann.

Und ich freue mich, dass ich außer ein paar kleinerer Beschwerden noch so top funktioniere.

Solch kleine Glücksmomente begegnen mir schon mein Leben lang. Als Nachkriegskind habe ich trotz der schweren Zeit nie großen Hunger leiden müssen. Später dann konnte ich mir zwar nicht immer alles kaufen, was ich gerne gehabt hätte, aber ich wusste mir meine Wünsche aufzubewahren. Meine Mutter, die alleinerziehend war, sorgte für eine warme Stube und Teures wie den Gummiregenmantel, so gut sie eben konnte. Später dann verdiente ich etwas Geld und entlastete sie damit. Es war nicht viel, doch es reichte immer mal wieder für etwas zwischendurch. Die Jahre vergingen und nach und nach konnte ich mir einige meiner lang gehegten Wünsche erfüllen. Meine Freude darüber war stets groß. Ich heiratete, es Kinder kamen auf die Welt.

Über all das Glück vergaß ich nie meinen großen geliebten Freund im Himmel. Auch nicht in stürmischen Zeiten der Angst und Trauer. Immer bat ich dann: „Lieber Gott, bitte lass mich nicht daran verzweifeln."

Eines Nachts hatte ich einmal einen außergewöhnlichen Traum. Ich sah mich in meinem Garten stehen und sehr dunkle Wolken über mir aufsteigen. Ich schaute zum Himmel hinauf und bat meinen Gott, das Unwetter nicht so stark über mich hereinbrechen zu lassen.

Als Familie durchlitten wir gerade eine schreckliche

Zeit. Die unvermeidliche Scheidung zwischen meinem Mann und mir stand kurz bevor.

Als ich dann noch ein weiteres Mal zum Himmel aufsah, öffnete sich in meinem Traum die Wolkendecke und eine Hand wurde sichtbar. Ich stand wie erstarrt da und hörte die Worte: „Du hast viel Unschönes hinter dich gebracht. Es ist noch nicht zu Ende, aber du wirst als Sieger aus all dem hervorgehen."

Im Traum blieb das Unwetter Gott sei Dank aus und ich wachte auf.

In meinem Leben habe ich vieles gut bewältigen können. Manches schien unmöglich, aber ohne Gott hätte ich etliches nicht erreicht, geschafft und überwunden. Ihm, meinem himmlischen Vater (wem sonst?), bin ich jeden Morgen neu dankbar dafür. Und erst recht, wenn ich mich abends in mein warmes Federbett lege und an all die Menschen denke, denen es nicht so gut geht wie mir.

Sehe ich mich heute schwierigen oder schweren Situationen gegenüber, dann bitte ich Gott darum, mir die kleinen Dinge und Wunder in meinem Leben bewusst zu machen und dankbar dafür zu sein, weil ich in ihm geborgen bin. Und ich denke an eine Hand, die selbst im größten Sturm aus den Wolken auf mich zeigt und mir bewusst macht: Mach weiter, Margarete. Es wird gut.

„So spricht der Herr, euer Erlöser,
der heilige Gott Israels:
,Ich bin der Herr, euer Gott.
Ich lehre euch, was gut für euch ist,
und zeige euch den Weg,
den ihr gehen sollt.'"

Jesaja 48,17

12.

Frau Becker und
der Mohrenkopf

Als meine Freundin Marlene noch ein kleines Marlenchen war, wohnte in ihrer Nachbarschaft die Familie Becker. Die Beckers waren nach dem Krieg zu dritt, Vater, Mutter und Sohn aus der Stadt aufs Land gezogen. Herr Becker hatte als Lehrer der hiesigen Hauptschule eine Stelle bekommen und Frau Becker war Mutter und Hausfrau. Sie war eine groß gewachsene hübsche Frau und stets gut gekleidet. Niemals sah man sie mit einer Kittelschürze einkaufen gehen, so wie es im Dorf viele andere Frauen taten.

Marlenchen lebte mit ihrer Familie in unmittelbarer Nähe zu den Beckers. Ihre Mutter war sehr umgänglich und gescheit. Es dauerte nicht lange, bis dass die beiden Frauen sich miteinander anfreundeten. Kennengelernt hatten sie sich im kleinen Kolonialwarenladen, den die Großtante von Marlenchen in der gleichen Straße betrieb. Und natürlich trafen Marlenchen und Frau Becker aufeinander.

Das Mädchen gefiel Frau Becker gut. Und auch Marlenchen mochte Frau Becker auf Anhieb. Es entwickelte sich eine tiefe, aber stets respektvolle Beziehung zwischen den beiden. So kam es, dass Marlenchen Frau Becker nur mit „Sie" ansprach und Frau Becker ihrerseits die junge Dame nur „Marlene" nannte, nie Marlenchen. Und auf ein gutes Hochdeutsch, das sie gerne weitergab, legte die Gattin des Lehrers besonders viel Wert.

Frau Becker wusste auch wohlschmeckende Kuchen zu backen und Marlenchen kam oft in deren Genuss. Eines Tages aber fragte sie das Kind: „Hör mal, Marlene, hast du Lust, mir beim Aufräumen des Speichers zu helfen."

„Aber ja!", antwortete Marlene. „Sehr gerne!"

So ging es auf den Speicher zu den Kisten und Kästen.

Was da wohl alles drin war, fragte sich Marlene. Es gab viele Kisten mit Büchern und andere, in denen alte Kleider waren. Auch Stoffe und Schnittmuster fanden sich, alle ein bisschen veraltet. Tücher, Schuhe und auch andernorts Kochtöpfe kamen zum Vorschein. Frau Becker schuf Platz, indem sie einiges von dem Kram in einen großen Korb räumte, den die beiden dann an den Speichereingang stellten, damit Frau Beckers Mann ihn am Mittag entsorgen konnte.

Nach einer Weile sah der Speicher schon recht ordentlich aus. „Fegen werde ich heute Mittag", sagte Frau Becker, „nachdem es hier so richtig Platz gegeben hat." Sie holte tief Luft und ließ sie mit einem Seufzen aus ihren Lungen entweichen. Anschließend nahm sie auf einer der Kisten Platz und griff in ihre Schürzentasche. Zwei Münzen kamen zum Vorschein, die sie Marlenchen gab. Sie sagte: „Jetzt gehst du bitte in den Laden deiner Großtante auf der anderen Straßenseite und holst für uns beide je einen „Mohrenkopf" (damals hieß der heute politisch korrekte „Schaumkuss" ja noch so). Pass aber auf, wenn du über die Straße gehst."

Marlenchen kam alsbald fröhlich vom Einkauf zurück.

Frau Becker lächelte Marlene freudig an. „Jetzt belohnen wir uns für die Arbeit."

Genüsslich verzehrten die beiden das herrliche Biskuitgebäck mit Schaumzucker.

Frau Becker las dem Kind auch oft Geschichten vor, aus dem vielseitigen Bücherfundus, der in ihrem Lehrer-

haushalt zu finden war. Unter anderem besaßen die Beckers eine schöne alte Bibel. Auch daraus las sie Marlene
regelmäßig vor. Sie brachte dem Kind so die biblischen Geschichten nahe und erklärte ihr auf kindgemäße Art die
verschiedensten Dinge über die Welt Gottes.

Marlenes Mutter war ganz erstaunt, als sie eines Tages
mitbekam, dass sich ihr Kind für die Bibel interessierte
und gerne selbst eine haben wollte. Sie fragte daraufhin
Frau Becker: „Marlenchen ist doch erst fünf Jahre alt. Wie
haben sie denn das geschafft?"

„Es kommt immer darauf an, wie man etwas macht und
wie verständlich man für ein Kind die Bibel auslegt", antwortete sie mit einem Lächeln.

Marlene ist bis heute dankbar dafür. Frau Becker war
wirklich eine gute Lehrmeisterin – in Wort wie Tat.

„Herr, zeige mir, welchen Weg ich einschlagen soll,
und lass mich erkennen, was du von mir willst!
Lehre mich Schritt für Schritt,
nach deiner Wahrheit zu leben."
Psalm 25,4–5

13.

Die literarische Ziege

Unsere Ziege sollte bald eine Geißenmutter werden. Ihr Name war Cornelia. Nicht dass das ein typischer Name für eine Ziege gewesen wäre, aber mir gefiel er. Für mich war er Gesetz, denn ich liebte diese Ziege sehr.

Oft gingen mein Bruder und ich mit der schwangeren Cornelia an der Leine den Feldweg, der an unserem Haus vorbeiführte, spazieren. Sie konnte dann nach Herzenslust all die Köstlichkeiten, die es in ihrem Stall nicht gab, aber hier am Wegesrand zu finden waren, in sich hineinfressen – vom Löwenzahn über das Wiesenschaumkraut bis hin zu Gänseblümchen und süßem Klee.

Wir hatten auch Hühner. Sie durften, da unser Hof durch ein Tor verschlossen war, sich auf ihm bewegen, wie sie wollten. Der Hof war nicht gepflastert, sondern bestand aus einer Wiese. Auf ihr stand auch ein Pflaumenbaum und darunter eine Bank.

Im Hof gab es auch einen Misthaufen, er war nicht sehr groß, aber die Hühner sprangen auf ihm herum, kratzten und scharrten, so wie Hühner es nun mal gerne tun. Wohl aus Dank für diese Freiheit legten uns die Hühner fast täglich wunderschöne Eier mit herrlich gelbem Dotter.

Irgendwann brachte Cornelia zwei Geißlein zur Welt. Sie waren niedlich und zuckersüß.

Als die beiden ein wenig „flügge" wurden, durften sie auch in den Hof. Erst entdeckten sie den Platz zögernd und scheu, doch nach ein paar Tagen sprangen und tollten sie auf der Wiese herum, dass ich mich manchmal mit einem Satz auf die Bank unter dem Pflaumenbaum retten musste. Meine Mutter, die das Schauspiel vom Fenster aus beobachtete, lachte sich halbtot. Den Zicklein zuzuschauen, wie sie ihre Haken schlugen, war nicht nur für die Tiere Lebensfreude pur.

Mit Tieren zu leben bescherte uns aber nicht nur Freude, sondern bedeutete auch viele Pflichten. Beispielsweise musste Cornelia morgens, spätestens aber vor dem

Mittagessen gemolken werden. Da es für uns selbstverständlich war, sonntags früh in die Kirche zu gehen, musste Cornelia also gleich nach dem Amt gemolken werden.
Doch Cornelia akzeptierte nur unsere Mutter. Niemand
sonst hätte sie melken können.

Einmal standen mein Bruder und ich gleich nach der
Kirche einfach nur mit im Stall, um zuzuschauen, wie fach-
männisch meine Mutter mit der Ziege umging. Cornelia
stand ruhig, brav und zufrieden da, während ihre Milch in
unsere Schüssel floss.

Doch, o Schreck! Was war das?

Blitzschnell hatte Cornelia meinem Bruder, der sehr
nahe bei ihr stand, das Kindergebetbuch aus der Hand
geschnappt. Und gleich nach dem Schreck versuchte
er, der Ziege das Buch wieder aus dem Maul zu ziehen.
Doch vergebens! Cornelia drehte ihren Kopf hin und her
und zerkaute genüsslich die Seiten mit den Kindergebe-
ten.

Meine Mutter hatte schon öfter erlebt, dass Cornelia etwas Zeitungspapier mitfraß, wenn sie ihr unsere Essens-
reste auf einem Stück Tageszeitung servierte, aber dass sie
gleich Appetit auf ein ganzes Buch hatte, war auch ihr ganz
neu. Scheinbar war für Cornelia das Kindergebetbuch ein
willkommener Leckerbissen, denn sosehr wir auch daran

zerrten, Cornelia ließ es sich nicht abnehmen. Ihr Biss war einfach zu stark. Sie verzehrte es Seite um Seite.

Als meine Mutter mit dem Melken fertig war, vertilgte Cornelia gerade quasi als Dessert den letzten Rest – die Deckel des Buches.

„Nun", sagte meine Mutter zu meinem entgeistert dreinschauenden Bruder, „da steht jetzt wohl das nächste Weihnachtsgeschenk schon fest."

Jedenfalls war Cornelia nun um einen weiteren außergewöhnlichen Namen reicher. Wir nannten sie fortan: Cornelia, unsere literarische Ziege.

„Gottes Wort ist euch ganz nahe;
es ist in eurem Mund und in eurem Herzen.
Ihr müsst es nur befolgen!"
5. Mose 30,14

14.

Die Liebe ist stark

Hildegard, die man in ihrer Kindheit Hilde rief, war acht Jahre alt, als sie während der Sommerferien bei Verwandten im Dorf nächtigen durfte. Die Tasche wurde gepackt und Mama bekam noch einen dicken Kuss, denn sie hatte ja alles in die Wege geleitet, damit das Kind für eine Nacht woanders schlafen konnte.

Hilde zog zu Fuß los ins nächtliche Abenteuer. Es war nicht weit bis zum Haus von ihrer Tante Thekla und deren Ehemann Johannes, der allerdings nur Hannes genannt wurde. Die beiden warteten schon auf Hilde und empfingen sie herzlich.

Tante Thekla war die Schwester von Hildes Großvater. Sie war Hildes Ersatzoma, denn ihre richtige Großmutter war leider schon vor Hildes Geburt verstorben. „Oma Thekla" war der gütigste Mensch, den Hilde kannte. Nichts Falsches oder gar Böses konnte man an ihr finden. Sie war allseits beliebt und auf Nachfrage hatte sie immer einen guten Rat auf den Lippen. Und Oma Thekla war gottesfürchtig sowie körperlich und geistig gesund bis auf ein paar kleine Wehwehchen.

Hannes, ja, was soll man sagen. Er war das Gegenteil von Oma Thekla. Nein, das wäre wohl zu hart. Aber er war „nicht ohne", wie man damals zu sagen pflegte. Er war herrisch und das paarte sich mit Jähzorn.

Oma Thekla kannte ihren Hannes natürlich seit vielen Jahrzehnten und wusste um seinen Stimmungswandel nur zu gut. Hilde indes hatte von solchen Dingen noch keine Ahnung. Doch an diesem Abend sollte sie „Opa" Hannes von seiner schlimmsten Seite kennenlernen.

Sie hatten ein schönes Abendessen angerichtet. Oma Thekla hatte immer frisches Brot sowie Wurst und Käse. Damals war es nicht üblich, Wurst und Käse auf dem Tisch zu haben, meist gab es nur das eine oder das andere. Bei Hilde zu Hause gab es oft Tomaten, Eier und Gurken. Ihre Mutter arbeitete stundenweise in der nahen Gärtnerei.

Obst und Tomaten brachte sie von dort mit und Eier hatten sie von den eigenen Hühnern. Wurst und Käse aber gab es nur selten.

Nach dem Abendessen spielte Hilde mit Opa Hannes und Oma Thekla „Mensch ärgere dich nicht". Gegen halb zehn war der Abend für das Gastkind vorbei, es ging ins Bett. Das kleine Hinterzimmer gehörte Hilde für die Nacht ganz alleine. Sie freute sich über die kleine Nachttischlampe, die es dort gab, und auf ihr Buch, das sie mitgenommen hatte.

Nach einer Weile, Hilde war gerade eingeschlafen, wurde sie durch eine Stimme wieder geweckt – Opa Hannes. Er schien sehr aufgebracht zu sein, aber worüber, das konnte Hilde nicht verstehen. Sie kroch aus dem Bett, um ihn besser verstehen zu können. Die Türen waren nur angelehnt, sodass sie diese lautlos etwas mehr öffnen konnte.

Opa Hannes schrie laut: „Du hast mich betrogen! Du betrügst mich immer! Das lasse ich mir nicht mehr bieten!"

Oma Thekla versuchte ihn zu beruhigen und sagte: „Aber Hannes, das stimmt doch gar nicht. Du hast das Spiel einfach nur verloren."

Also hatten die beiden noch weitergespielt, dachte sich Hilde, und Opa Hannes hatte nicht gewonnen. Das konnte er wohl nicht akzeptieren. Da er immer weiterschrie, öffnete sie die Türe etwas mehr, sodass sie sehen konnte, wie die beiden aufgeregt voreinander auf und ab gingen. Vor allem Opa Hannes. Er wollte sich einfach nicht beruhigen, sosehr Oma Thekla auch auf ihn einredete.

Hildes kleines Herzchen pochte ganz heftig. Sie hatte das Gefühl, Opa Hannes würde immer böser. Sie konnte seine Worte gar nicht mehr verstehen, doch als er schrie „Ich bringe dich um!", war Hilde sehr verängstigt. Sie rührte sich kein Stück und stand wie angewurzelt da.

„Ich gehe jetzt in den Keller und hole die Axt, dann schlag ich dich tot", hörte sie nun Opa Hannes sagen.

Doch Oma Thekla blieb im Gegensatz zu Hilde ganz ruhig. Sie sagte nur zu ihm: „Hannes, mach das Kellerlicht an, damit du die Treppe nicht hinunterfällst."

Wie konnte sie nur so ruhig sein, fragte sich Hilde, wo er doch gleich die Axt holen würde? Hatte Oma Thekla ein so großes Gottvertrauen? Wenn sie jetzt gleich ein Stoßgebet zum Himmel schickte, während er im Keller war, hätte sie jedenfalls in Hilde eine Verbündete. „Lieber Gott, lass ihn lieber die Treppe hinunterfallen, als dass er mit der Axt kommt", betete Hilde in Gedanken.

Gott erhörte Hildes Gebet nicht, denn Opa Hannes kam zurück, und zwar mit der Axt.

Hilde konnte kaum noch stehen, ihre Beine zitterten. Opa Hannes stand nun mit der Axt in der Hand vor Oma Thekla. Er hielt das Gerät mit beiden Händen fest, es schien schwer zu sein, denn die Axt war riesig groß. Immer wieder schrie er: „Ich schlag dich tot! Du hast mich belogen und betrogen!" Und mit jedem Satz hob er die schwere Axt ein klein wenig höher in die Luft, über den Kopf von Oma Thekla.

„Jetzt, jetzt, jetzt schlag ich zu, Frau. Ich schlage zu", schrie er.

Oma Thekla stand weiterhin ganz ruhig da und sagte nur: „Ja, Hannes, dann schlag doch." Hilde konnte kaum noch denken. Hatte Oma Thekla etwa keine Angst? Oder wusste sie, dass er es nicht wirklich tun würde? Hatte sie so viel Gottvertrauen? Oder kannte sie ihren Hannes so gut, dass sie wusste, dass er ihr nicht antun würde, was er ihr androhte?

Nach einem weiteren Gebrüll sah Hilde, wie die Axt in Opa Hannes' Hand immer tiefer sank, bis sie wieder am Boden war. Und dann hörte sie Oma Thekla sagen: „Hannes, jetzt bring die Axt wieder in den Keller! Aber mach dir das Licht an, damit du nicht die Kellertreppe hinunterfällst."

Irgendein unverständliches Zeug brummelnd schlurfte Opa Hannes in den Flur und machte sich das Kellerlicht an.

Der „Spuk" war vorbei. Gott sei Dank.

Hilde schlich zurück in ihr Bett. Ans Schlafen konnte sie zwar noch nicht denken, aber nach einem Nachtgebet, das sie sprach, schlief sie doch recht bald ein.

Am nächsten Morgen war alles wie immer, niemand verlor ein Wort über den gestrigen Abend. Bestimmt waren die beiden der Meinung, Hilde hätte nichts gehört und schon fest geschlafen.

Später, nach einigen Jahren, erfuhr Hilde, dass Opa Hannes' Verhalten an der Tagesordnung war. Sie wünschte sich, dass Oma Thekla, die all das aushielt, Opa Hannes noch um ein paar Jahre überleben würde, damit Oma noch ein paar schöne Jahre in Ruhe genießen könnte.

Doch es kam anders.

Opa Hannes überlebte seine Thekla um etliche Jahre. Er trauerte sehr um sie.

„Denn die Liebe ist stark wie der Tod."
Hohelied 8,6 (SCH)

15.

Fünf Jungs und
drei Mädchen

Es waren die 1960er-Jahre und ich als Teenager steckte mittendrin. Jung und Gott sei Dank unbeschwert. Nach der Schule begannen die meisten meiner Freunde eine Berufsausbildung. Geld verdienen war angesagt, also einen Beruf erlernen. Doch für die meisten hieß es einmal in der Woche trotzdem wieder Schule – Berufsschule. Die Schulklassen waren gemischt, so ging es neben dem Lernen bei uns Mädels auch um Jungs. Zum Glück mussten wir nach der Schule nicht noch am Nachmittag an den Arbeitsplatz. Für den Arbeitgeber, der den Lohn zahlte, war das nicht so schön, wohl aber für uns. Denn nun hatten wir drei Mädels, die aus einem Dorf kamen, noch ein wenig Zeit für ein bisschen Spaß in der Kreisstadt. Selbstverständlich mit den Jungs.

Irgendwann beratschlagten wir, welcher junge Mann denn unser jeweiliger Favorit sei. Doch unsere Meinungen gingen auseinander – zum Glück! Was uns aber nur noch mehr anspornte, in der Schule genauer hinzusehen.

Es waren insgesamt fünf Jungs, mit denen wir oft in der Stadt herumalberten. Wir setzten uns oft gemeinsam an das Ufer der Lahn und erfreuten uns am kühlen Nass. Stets buhlten die Jungs um unsere Aufmerksamkeit, und wir mochten es, mit ihnen zu flirten. Mal wurde hier Händchen gehalten, mal da. Immer aber mit der Obacht, nicht von Verwandten oder Bekannten gesehen zu werden. Denn ginge es nach denen, waren wir einfach noch zu jung für das Thema Buben.

Wir aber machten uns keinen Kopf. Wir genossen einfach die gemeinsame Zeit. Und es war ja auch irgendwie schön, dass sich fünf Jungs um drei Mädels kümmerten. Jedenfalls verstanden wir drei uns recht gut, obwohl es natürlich auch Meinungsverschiedenheiten gab (auch in Bezug auf die jungen Herren). Doch was die gemeinsame Sonntagsunternehmung anging, waren wir uns einig. Da kein Bus fuhr, war Spazierengehen in Gottes schöner Natur angesagt.

Aber selbst da ließen die Jungs nicht locker. Der eine oder andere wollte sich mit uns verabreden. Doch an einem Sonntag war das natürlich nicht möglich.

Eines Sonntags aber, im Spätsommer, hatten wir drei uns verabredet und waren gerade dabei aus dem Dorf hinauszuspazieren, als wir einen uns völlig unbekannten und sehr lauten Motorenlärm hörten. Da wir uns gerade vor einer Kurve befanden, sahen wir nichts, sondern nahmen nur wahr, wie der Lärm sich näherte. Und dann kamen sie um die Kurve: unsere fünf Jungs auf Mopeds, eines lauter als das andere.

Nun war es mit der dörflichen Sonntagsruhe vorbei. Und auch mit unserer Geheimhalterei. Zumal die Freude der Jungs, nachdem sie uns entdeckt hatten, recht groß war. Wir Mädels aber standen etwas betreten da und versuchten ihnen gegen den ohrenbetäubenden Lärm klarzumachen: „Macht die Mopeds aus!"

Sie konnten, besser gesagt wollten, das gar nicht verstehen. Schließlich war der Lärm für sie doch das Schöne an den Mopeds. Sie nahmen uns nicht ernst und lachten. Ich glaube, ihre Hormone gingen sogar etwas mit ihnen durch, denn was machten sie? Statt ihre Gefährte auszuschalten, drehten sie sich um und fuhren sehr zügig ins Dorf zurück, um noch eine Runde zu drehen.

Uns blieb fast das Herz stehen, als wir hörten, wie die knatternden Mopeds sich entfernten und wieder zurückkamen. Wer sie beim ersten Mal nicht gehört hatte, der wusste spätestens jetzt: Irgendwas ist da im Busch.

Ich sehe die fünf Jungs noch heute vor mir, wie sie in ihrem jugendlichen Leichtsinn lachend zurückkamen. Sie lebten alle in der Stadt. Dort fiel so ein Verhalten nicht auf. Hier auf dem Land war das aber anders. Ich denke, sie wussten darum. Jedenfalls genossen sie das Spektakel sehr.

Nach ihrer Ehrenrunde erklärten sie sich bereit, die Mopeds auszumachen. Und nachdem wir Mädels uns etwas beruhigt hatten, waren wir auch in der Lage, ihre extra blank geputzten Gefährte zu bestaunen. Sie erklärten uns die Vorteile wie auch die PS-Stärken. Wir hatten von all dem zwar gar keine Ahnung, zeigten uns aber interessiert und hörten ihren stolzen Erläuterungen zu.

Nach einer Weile wollten sie dann wieder Richtung Heimat fahren. Wir wünschten ihnen eine gute Rückfahrt und sagten, dass wir ein Gebet zum Himmel schicken würden, damit ihnen nichts passiere. Sie lachten unbeschwert und knatterten winkend davon.

Wir gingen weiter spazieren und überlegten, was im Laufe des Tages noch alles auf uns zukommen könnte. Wir lagen richtig. Unsere Eltern wussten längst Bescheid und hielten uns eine Gardinenpredigt. Irgendjemand hatte uns mit den sonntäglichen Störenfrieden in Verbindung gebracht. Das ganze Dorf wusste also am nächsten Tag, wem sie den Lärm zu verdanken hatten.

Trotz allem waren wir drei von da an sehr stolz, so unerschrockene Verehrer zu haben. Das behielten wir aber für uns.

„Denk schon als junger Mensch an deinen Schöpfer,
bevor die beschwerlichen Tage kommen und
die Jahre näher rücken,
in denen du keine Freude mehr am Leben hast.“
Prediger 11,9

16.

Der neue Puppenwagen

Bei meinen Besuchen im Seniorenheim lernte ich eine ältere Frau kennen. Sie war eine sehr hingebungsvolle Puppenmama. Schon öfter hatte ich sie im Aufenthaltsraum beobachtet und festgestellt, dass sie nie mit jemandem sprach. Stets schob sie einen uralten und sehr kleinen Puppenwagen, für den sie sich sehr krumm machen musste, vor sich her. Einmal durfte ich sogar einen Blick hineinwerfen. Darin lagen zwei kleine spärlich bekleidete Püppchen und auch die Deckchen und Kissen sahen schon sehr alt aus. Irgendwann hatte ich miterlebt, dass niemand diese Puppensachen anfassen durfte. Versuchte es trotzdem jemand, begann die ältere Dame sofort wild zu gestikulieren, sodass der Betrachtende erschrocken zurückwich.

Weihnachten stand vor der Tür, und wie jedes Jahr fing ich an, über die Geschenke für die Kinder nachzudenken. Dabei fiel mir ein, dass wir unserer jüngsten Tochter vor einigen Jahren einen Puppenwagen aus Prag mitgebracht hatten. Allerdings interessierte sie sich nun schon seit geraumer Zeit eher für Barbiepuppen. Der Wagen stand scheinbar nur noch als Zierde in ihrem Zimmer.

Als ich ihr damals den Wagen kaufte, erinnerte ich mich daran, wie sehr ich mir selbst früher ein solches Wägelchen für meine Puppe gewünscht hatte. Bei meiner Tochter bekam er einfach nicht den Stellenwert, den ich ihm als Kind eingeräumt hätte. In Gedanken an die alte Dame im Seniorenheim dachte ich daher, ich rede mal mit meiner Tochter über den Wagen, vielleicht wäre sie ja bereit, ihn für einen guten Zweck abzugeben.

Noch am gleichen Abend erzählte ich ihr von der Situation der alten Dame. Meine Tochter wurde sehr nachdenklich. Eine Nacht würde sie gerne darüber schlafen wollen, sagte sie mir. Nachdem ich ihr noch eine Geschichte vorgelesen hatte und wir gemeinsam das Abendgebet gesprochen hatten, erkundigte sich mein Kind noch einmal nach der alten Dame. Ich machte ihr einen Vorschlag: „Morgen

Mittag gehen wir zusammen ins Seniorenheim und du schaust dir mal an, wie gut sie mit ihren Puppenkindern umgeht." Sie fand den Vorschlag fabelhaft und schlief kurz darauf ein.

Am nächsten Tag gingen wir also gemeinsam ins Seniorenheim, und sie konnte sich selbst von dem was ich ihr berichtet hatte überzeugen. Sie fand ein Ja dazu, ihren Puppenwagen der alten Dame zu schenken, und wir überlegten, wann wir den Wagen zu ihr bringen wollten.

„Wie wäre es mit Heiligabend?", schlug ich meiner Tochter vor.

„Einverstanden, Mama."

Als wir dann am 24. Dezember den Puppenwagen ins Seniorenheim schoben, war vom Pflegepersonal alles festlich dekoriert. Der Tannenbaum war geschmückt, Weihnachtslieder wurden abgespielt und es herrschte eine heitere Atmosphäre. In den vergangenen Tagen war es dem Pflegepersonal, das wir im Vorfeld über unser Geschenk eingeweiht hatten, gelungen, mehr Nähe zu der Puppenmama mit ihren Puppenkindern aufzubauen. So war das Pflegepersonal bei der Geschenkübergabe dabei.

Die alte Dame starrte lange ihr Geschenk – den neuen Wagen – an.

Wie würde sie reagieren? Würde sie das Geschenk

überhaupt annehmen wollen? Oder bedeutete dieses neue Ding doch zu viel Veränderung in ihrer kleinen Welt? In den schier ewig dauernden Sekunden gingen mir viele Fragen durch den Kopf.

Immer wieder sah sie uns an und dann den Wagen. Wir nickten ihr aufmunternd zu.

Auf einmal aber entspannten sich ihre angestrengt verunsicherten Gesichtszüge und sie verstand, dass sie ihre Puppenkinder umbetten konnte. Sie nahm sie hoch und legte sie in den neuen Wagen. Und sogleich griff sie ganz selbstverständlich nach der Stange ihres neuen Puppenwagens und schob ihn aufrecht, ohne sich bücken zu müssen, den Stationsgang entlang.

Wir alle schauten ihr nach und freuten uns. Vor allem aber meine Tochter sah mit eigenen Augen, wie ihr Entschluss und die Freude, die wir beide nun empfanden, für uns selbst zu einem wunderbaren Weihnachtsgeschenk wurden.

„Ein Geschenk öffnet viele Türen."
Sprüche 18,16

17.

Heuernte mit Ausblick

Die Sommerzeit begann und damit die Heuernte. Mein Großvater hatte sich dafür von einem befreundeten Bauern einen Heuwagen mit zwei Kühen ausgeliehen. Das Heu musste schleunigst von unserer Wiese nach Hause in die trockene Scheune geholt werden. Einige Bauern mahnten bereits: „Das Wetter schlägt um, es gibt Regen in den nächsten Tagen." Würde das Heu nass werden oder feucht in die Scheune kommen, würde es verfaulen. Zum Glück hatten Mutter und Großvater das Gras schon einige Male wenden können. Das nahm ihm die letzte Feuchte, sodass es nun vollends zu Heu durchtrocknete.

Der Tag der Heuernte war also gekommen. Großvater, meine Mutter und ich saßen gemeinsam auf dem Querbrett des Heuwagens, ich natürlich sicherheitshalber zwischen den beiden. Wir fuhren von unserem Hof los in Richtung Wiese. Für mich war die Fahrt ein Riesenspaß – so hoch zu sitzen, höher als die Kühe groß waren. Mein Großvater dirigierte gekonnt unsere beiden Zugtiere. „Hü!" und „Hott!" rief er und hielt dabei die Zügel fest in der Hand. Er zog sie mal rechts, mal links oder ließ sie locker, jedenfalls folgten die beiden Kühe seinen Anweisungen und blieben so stets auf dem richtigen Weg.

Die Fahrt über die schon zerfahrenen Feldwege war ein ganz schönes Geholper. Denn zuvor waren schon andere Wagen diesen Weg entlanggefahren. Manche vor ein paar Wochen, als der Boden noch vom Regen aufgeweicht war. Diese Wagen hatten tiefere Rillen hinterlassen, die nun ausgetrocknet waren. Wir nannten die Furchen „Gleise", weil unser Wagen in diesen Spuren nun wie eine Eisenbahn auf Schienen fuhr. Nur leider nicht so geschmeidig. Wir mussten uns schon sehr festhalten, sonst wären wir vom Wagen sicher heruntergepurzelt.

Nachdem wir auf unserer Wiese angekommen waren, breitete meine Mutter eine Decke aus und legte verschiedene Spielsachen sowie ein Bilderbuch für mich bereit. Sie hatte auch einen Korb gepackt mit verschiedenen Getränken, Broten und Pflaumenmus. Und sie versprach mir, dass wenn die Hälfte des Heus zusammengerecht und aufgeladen sei, wir gemeinsam eine leckere Brotzeit machten.

So saß ich eine ganze Weile spielend da und wartete. Ich war so vertieft ins Spiel, dass ich gar nicht bemerkte, als mein Bruder kam. Er hatte seine Schulaufgaben gemacht und sollte nun mithelfen, den Heuwagen zu beladen. Bevor auch er zupackte, gab es aber erst einmal die versprochene Kaffeepause mit Marmeladenbroten und Himbeersaft.

Danach ging die Arbeit dank der Hilfe meines Bruders etwas schneller voran. Von meinem Platz aus sah ich, wie das Heu sich immer höher und höher auf dem Wagen türmte. Mittlerweile stand mein Bruder hoch oben auf dem Wagen, wo er das Heu, das ihm mit einer großen Gabel gereicht wurde, entgegennahm.

Schon bald waren sie am anderen Ende der Wiese angekommen, als meine Mutter zu mir kam. Ich stand auf und fing an meine Spielsachen einzupacken. Doch auf einmal blieben wir beide vor Schreck ganz still stehen. Was war das? Unter der Wolldecke bewegte sich etwas. Und auf einmal kroch unter der Decke eine sehr große Schlange hervor. Sie reckte ihren Kopf empor und entfernte sich. Wir schrien beide laut auf, doch sogleich beruhigte sich meine Mutter und sagte zu mir: „Gott sei Dank! Das ist nur eine Blindschleiche." Ich war erleichtert.

„Auf ihr hast du wohl den ganzen Mittag gesessen", sagte sie schmunzelnd. „Deshalb konnte sie nicht weg. Vielleicht hat es ihr auch gefallen, dass du sie so schön warm gehalten hast."

Nachdem wir den beiden anderen alles berichtet hatten, denn sie wollten ja wissen, warum wir so geschrien hatten, sagte mein Großvater: „Na ja, Blindschleichen sind ja nicht giftig. Deine mochte dich scheinbar sogar sehr, denn sie hat dich nicht einmal gebissen." Ich war einmal mehr froh, dass meine Begegnung mit der „Schlange" so gut ausgegangen war.

„Jetzt bekommst du auf den Schreck erst einmal eine schöne Überraschung", sagte Großvater. Er nahm mich und reichte mich hoch zu meinem Bruder, der mich oben auf dem Wagen inmitten des Heus in Empfang nahm. Dort hatte er eine Kuhle geformt, in die wir beide uns nun legen konnten, ohne vom Wagen zu fallen.

„Du wirst sehen, von da oben sieht die Welt ganz anders aus", rief mir Großvater von unten zu. Er hatte recht. Es war herrlich. Ich blickte schnurstracks in den blauen Himmel mit seinen wunderschön wattigen Wölkchen. Mein Bruder und ich hatten so einen Spaß, während unten meine

Mutter ängstlich neben dem Wagen herlief und mich ermahnte, nicht allzu vorwitzig über den Heurand zu spähen. Und Großvater? Der freute sich einfach, sein Heu so fröhlich und trocken in die Scheune fahren zu können.

Der Schrecken durch die Schlange war schnell vergessen. Noch heute aber erinnere ich mich daran, wie riesengroß diese Blindschleiche damals für mich war. Wohl bedingt durch den Schreck. Doch ich erinnere mich auch: Die wunderbare Aussicht auf den Himmel war noch viel größer. Sie überwand nicht nur damals jegliche Angst.

„Ach, Herr, mein Gott, durch deine starke Hand
und deine große Macht
hast du den Himmel und die Erde geschaffen.
Nichts ist dir unmöglich."
Jeremia 32,18

18.

Am Gardasee

Es war im Frühjahr 1971, als mein Mann eine Wahnsinnsidee hatte. Er war damals Religionslehrer an einer Berufsschule, und als er dort erfuhr, dass es den meisten seiner Schüler nicht möglich war, Urlaub oder Ferien im Ausland zu machen, packte ihn der Gedanke, das zu ändern. Er sprach mit den Jugendlichen wie auch deren Eltern und seine Idee nahm immer mehr Gestalt an. Gemeinsam begannen wir zu planen, zu rechnen, Zelte, Kocher und Lebensmittel zu besorgen und schlossen die benötigten Versicherungen ab. Wir kauften sogar einen gebrauchten Bus, den wir nach der Reise wieder verkaufen wollten.

Und tatsächlich: In den Sommerferien ging es mit mir als Köchin und unseren beiden Kindern (damals vier und fünf Jahre alt) an Bord Richtung Süden. Unser Ziel: der Gardasee.

Als der See direkt vor uns lag, steuerte der Bus eine Haltebucht an, in der wir Rast machten und uns die traumhafte Landschaft genauer ansahen. Wir stellten sogar Stühle und einen Tisch raus und machten es uns bequem. Und einige der Jugendlichen, die einen kleinen Fußweg den Hang hinunter zum See entdeckt hatten, stiegen diesen hinab, um den See zu begrüßen. Sie kehrten total begeistert zurück und berichteten uns, dass dort unten eine recht große Strandfläche sei, auf der mindestens drei Zelte Platz hätten, und es sei dort unten am See so wunderschön.

Jetzt gab es kein Halten mehr. Der ganze Tross stieg hinab und einige nahmen sogar schon die Stühle und den Tisch mit. Unsere jungen Freunde hatten jedenfalls recht, es war ein wunderschönes Fleckchen Erde. Wir beschlossen dort zu bleiben.

Kurz darauf begann ein emsiges Treiben, schließlich musste der Bus ausgeräumt werden. Dann wurde ein Zelt nach dem anderen aufgebaut und der Bus auf einen nahe gelegenen Parkplatz gefahren. Es verlief alles geordnet und ruhig. Ich dankte Gott dafür, denn ich hatte viele Sorgen und Bedenken gehabt: die weite Strecke, ein möglicher Unfall oder sonstige Situationen, die nicht vorhersehbar waren und bei denen jemand hätte zu Schaden kommen können. Doch nun lief alles ganz entspannt und wir fingen an, unsere Ferien zu genießen.

Irgendwann lagen wir alle faul in der Sonne, als wir ein Motorboot hörten, das nicht sehr weit von uns entfernt zu sein schien. Alle schauten gespannt auf den See, denn dort kam wirklich ein Motorboot in flotter Fahrt direkt auf uns und das Ufer zu. Wir waren wie versteinert. Jeder erwartete, dass das Boot augenblicklich abdrehen würde, doch es fuhr weiter auf uns zu.

„O, mein Gott!", rief ich und alle sprangen auf.

Zwei Sekunden später rauschte das Boot nur ein paar Meter von unserem Lager entfernt auf den Strand. Mein Mann und die Jungs liefen gleich zu dem Boot. Der Kapitän hatte wohl einen leichten Schwächeanfall gehabt. Der Mann kam daraufhin ins Krankenhaus und das Boot wurde später von jemandem abgeholt. Mir wurde bewusst: Wir hatten viele Schutzengel, sie hatten das Boot direkt neben uns stranden lassen. Nicht auszudenken, was alles hätte passieren können.

Mit viel Ernsthaftigkeit und großem Respekt beteiligten sich unsere Schutzbefohlenen, nachdem sie sich von dem

Schreck erholt und wir ausführlich darüber gesprochen hatten, am späten Nachmittag an einem Dankgebet. Anschließend war die Unbeschwertheit etwas gedämpft und ich sah, wie manch einer den See mit anderen Augen beobachtete.

Am sechsten Tag zog ein starkes Gewitter über dem See auf. Es regnete in Strömen und ein Sturm zog auf. Alle Jugendlichen waren in ihren Zelten. Es gab bestimmt niemanden, der nicht ein Gebet zum Himmel schickte. Denn durch die Berge um den See herum hallte der Donner beängstigend laut und der Wind trieb das Wasser des Sees fast bis an unsere Zelte.

Auch ich betete zu Gott, er möge ein Einsehen haben, weil wir so ungeschützt unter den dünnen Zeltplanen hockten. – Er erhörte uns. Am nächsten Morgen schien die Sonne. Wir atmeten auf, waren aber trotzdem ehrfürchtig erschrocken vor den Gewalten, die uns am Abend zuvor begegnet waren.

Jetzt hieß es aufzuräumen, denn das Wasser hatte Unrat bis vor unser Lager gespült. Und nachdem sich alles wieder normalisiert hatte, servierte ich zu Mittag Nudeln mit Gulasch und alle waren vergnügt.

Nur meiner Tochter Christiane ging es nicht gut. Ihr wurde schlecht und sie musste sich übergeben. Hatte sie sich den Magen verdorben oder nicht ordentlich die Hände gewaschen? Jedenfalls ging es ihr bis zum Abend nicht besser, daher entschieden mein Mann und ich, mit ihr ins Krankenhaus zu fahren.

Nach einer holprigen Verständigung mit den Ärzten wurde uns klar, Christiane musste im Krankenhaus bleiben. Ich durfte Gott sei Dank bei ihr bleiben, ich musste mich nur um eigene Mahlzeiten kümmern. Daher besorgte mein Mann mir noch eine Pizza, ehe er schnellstmöglich zu den Jugendlichen zurückkehrte, die er ja nicht länger alleine lassen konnte.

Christiane bekam ein großes Bett, sodass ich sogar neben ihr schlafen konnte. Um uns herum hörten und lasen wir nur Italienisch. Wir verstanden lediglich, dass Christiane nichts essen durfte und nur Tee bekam.

Am nächsten Morgen trat mein Mann ins Krankenzimmer und brachte mir belegte Brötchen und einen Becher Kaffee. Er war nur kurz da und kehrte gleich wieder zum Lager zurück. Was für ein Spagat, den er nun leisten musste, dachte ich. Mich versorgen und zusätzlich noch Ersatzlösungen für die ausgefallene Köchin schaffen.

Gegen Mittag ging erneut die Tür unseres Zimmers auf, und eine Mutter mit ihrer Tochter, die auf einer Liege lag, kam herein. Ich bemerkte sofort, dass die Mutter mit dem

Kind Deutsch sprach und gab mich als Landsmännin zu erkennen. Sie freute sich, eine deutsche Stimme zu hören, und erzählte uns, dass sich ihre Tochter verbrüht hatte und nun ein paar Tage im Krankenhaus zur Beobachtung und für Verbände bleiben musste.

Sie erzählte mir, dass sie mit ihrem Mann in Norddeutschland eine Tankstelle betreibe und dass dieser Urlaub, auf den sie sich so lange gefreut hatten, die einzigen freien Tage im Jahr seien. Sie brauchten ihn unbedingt zur Erholung. Später fragte sie mich, nachdem ich ihr anvertraut hatte, dass ich mit Christiane noch vier Tage im Krankenhaus bleiben müsste, ob ich nicht auch auf ihre Tochter aufpassen könne. Dann könnte sie wenigstens etwas Erholung finden. Ich willigte ein und sagte ihr, sie solle sich erst mal keine Gedanken machen. Ich würde den Kindern vorlesen und mit ihnen spielen. Ihre Erleichterung darüber, wie sich alles fügte, dass sie doch noch ein wenig Urlaub machen konnte, sah ich ihr deutlich an.

Am Abend kamen dann noch einmal mein Mann und mein kleiner Sohn vorbei. Mein Mann wollte gerade los, um mir wieder etwas zu essen zu kaufen, da ging die Tür auf und die Mutter der kleinen Deutschen kam herein. Sie hatte einen großen Korb dabei und versorgte mich mit frischem Obst, belegten Broten, einer Kanne Tee und Tomaten.

„Sie brauchen sich nicht mehr um ihre Frau zu sorgen, ab jetzt kümmere ich mich um sie", sagte sie zu meinem Mann. „Sie können sich gar nicht vorstellen, wie froh ich bin, dass ich weiß, meine Tochter hat hier jemanden, der sich um sie kümmert."

Später dankte ich Gott, denn jetzt war uns allen geholfen. Die Kinder waren im Krankenhaus betreut, ich wurde mit leckerem Essen versorgt, die gestresste Tankwartin konnte ausspannen und mein Mann sich um die jungen Menschen kümmern und ihnen einen schönen Urlaub am Gardasee bereiten.

Nach vier Tagen ging es den beiden Kindern wieder gut und sie wurden entlassen. Jeder bedankte sich beim anderen, alle waren zufrieden, aber vor allem dankte ich Gott im Himmel. Er hatte diesen Urlaub trotz aller Unwägbarkeiten im Griff und organisierte ihn gut.

„Denkt nicht an euren eigenen Vorteil.
Jeder von euch soll das Wohl
des anderen im Auge haben."
Philipper 2, 4

19.

Der Gedanke an
meinen Vater

Eines Tages, es war ein Sonntagmorgen, während ich gerade duschte, wurde ich von meinen eigenen Gedanken überrascht. „Was soll das?", fragte ich mich. Nach etwa zehn Jahren blitzte, während mir das Wasser wohlig warm über den Körper rieselte, der Gedanke an meinen Vater auf. Warum? Ich hatte ihn zwar nicht vergessen, aber irgendwie verdrängt. Für mich war er nur mein Erzeuger. Ich kannte ihn kaum. Er hatte meine Mutter und mich schon früh verlassen. Meine Kindheit war also kein Zuckerschlecken gewesen, wie es im Volksmund heißt. Und nun war er plötzlich da und unheimlich nah: der Gedanke an meinen Vater.

Ich versuchte ihn abzuschütteln, aber er klammerte sich fest. Es wollte mir nicht gelingen. Und ich fragte mich, während ich nach dem Handtuch griff, was ich tun konnte, um nun nicht den ganzen Sonntag mit dem Gedanken an ihn belastet zu sein. Ob er denn überhaupt noch lebte und es ihm gut ging, fragte ich mich schon. Den letzten Kontakt hatten wir schließlich vor fast genau zehn Jahren, als meine Mutter starb. Ich hatte ihn damals angerufen, um ihm mitzuteilen, dass er ab jetzt keine 25 D-Mark mehr alle vier bis sechs Wochen zu schicken brauchte. Dennoch schickte er mir noch einmal einen kleinen Betrag zu Mutters Beerdigung. Ich bedankte mich, hörte anschließend aber nie wieder von ihm.

Doch an diesem schönen Sonntagmorgen kam es mir vor, als wäre er irgendwie fast greifbar nah. Und ich ertappte mich, wie ich auf einmal mit mir selbst sprach. Eine innere Stimme schien mich fast zynisch verurteilen zu wollen: Hast du deine Sehnsucht nach einem Vater etwa noch immer nicht eingemottet?

Wie so oft, wenn mir keine Lösung für ein Problem einfällt, fing ich eine Unterhaltung mit meinem Gott an. Für mich ist er mein Ansprechpartner fürs Leben. Mein

Vertrauen in ihn ist groß, denn er kennt mich. Er weiß, wie ich ticke und wie groß meine Sehnsucht nach einem Vater war. Schon oft hatte es sich bewiesen, dass mir nach einem Gespräch mit ihm die optimale Lösung für ein Problem in den Sinn kam. Zwar hatte er meinen Vater nie zu uns geführt, aber er hatte mir immer geholfen, mit meiner Sehnsucht klarzukommen.

Manchmal machte ich mir aber auch ganz eigene Gedanken, die mich irgendwie trösteten. Ich dachte, vielleicht wäre mein Vater ja gar nicht gut zu mir, wenn er da wäre. Oder er hätte oft Streit mit meiner Mutter. Es hätte schließlich ja sein können, dass er einfach zu viel Geld ausgab, von dem wir so wenig hatten. Wie auch immer … über all die Hoffnungen und Vermutungen bin ich erwachsen geworden. Nur ganz tief in meinem Gedächtnis oder in irgendeinem Winkel meines Herzens war mein Vater noch präsent.

Heute Morgen allerdings hatte er sich hervorgetraut. Und ich fragte Gott, meinen vertrauten Vater im Himmel: „Was soll ich tun? Was rätst du mir?"

Natürlich kam keine Stimme, die sagte, tu dies oder tu das. Im Gegenteil. Es blieb so ruhig, wie es schon den ganzen Morgen war. So war auch ich ruhig und dachte weiter nach. Früher sagte man: Setz dich hin und warte bis der

Anfall vorüber ist. – Den Versuch war es wert, also wartete ich ab.

Doch als nach dem Mittagessen der Blitzgedanke vom Morgen weiterhin da war, ging ich zu der Schublade, in der ich die wenigen Schätze aufbewahrte, die mich an meinen Vater erinnerten. Darin lagen ein paar Briefe an meine Mutter. Sie gaben nur wenig von seinem Leben preis, vielmehr enthielten sie Entschuldigungen, dass er meiner Mutter nicht mehr Geld schicken könnte. Er verdiene selbst so schlecht und müsse ja auch wovon leben.

Unter den Briefen lag auch etwas, das ich hütete wie einen großen Schatz. Und das war es auch für mich.

Mein Vater hatte uns vor vielen Jahren einmal ein Päckchen geschickt. Päckchen waren in meiner Kindheit das Größte. Ich weiß noch, dass selbst meine Mutter es nicht fassen konnte, als die Sendung bei uns auf dem Küchentisch lag und wir das Öffnen zelebrierten. Ich kniete mich auf einen Küchenstuhl, während meine Mutter eine Schere aus der Tischschublade holte. Ich war ganz fröhlich aufgeregt, während sie mit der Spitze versuchte, die recht festen Knoten zu öffnen, ohne dass die kostbare Schnur kaputtging. Ich trieb meine Mutter nicht zur Eile an, denn ich wusste, die Schnur musste heil bleiben, schließlich konnten wir diese noch vielseitig verwenden.

Endlich war es geschafft! Sie hob den Deckel ab. Weißes Seidenpapier kam zum Vorschein und darunter lag etwas Rotes. Ich durfte das Papier entfernen und meine Mutter entfaltete eine wunderschöne Strickjacke. Sie war rot und gesmokt, mit einem blauen Fädchen in den kleinen Erhebungen, die für das Muster sorgten.

„Die ist für dich", hörte ich meine Mutter sagen.

So etwas Schönes zum Anziehen wie dieses Jäckchen hatte ich noch nie gesehen. Und das Tollste war: Mein Vater hatte sie mir geschenkt.

Was sonst noch in dem Päckchen war, weiß ich nicht mehr. Vielleicht Kaffee oder Süßigkeiten. Jedenfalls war es mir nicht mehr wichtig.

Mit dem Jäckchen in den Händen vertiefte ich mich kurz in meine Gefühle von damals. Das war immer so, wenn ich diese Schublade öffnete. Doch sogleich besann ich mich wieder und sah Vaters letzten Brief mit seiner Adresse und Telefonnummer. Er war aus den Achtzigern. Doch ohne lange zu überlegen, griff ich zum Telefon und wählte seine Nummer. Es läutete mehrmals, dann hob jemand ab. Eine ältere Dame fragte: „Wer ist denn da?"

Ich nannte meinen Namen und sagte, dass ich gerne ihren Mann sprechen wollte.

Auf einmal war Stille am Apparat.

„Hallo? Sind Sie noch dran?"

„Wer sind sie?", fragte die Dame erneut.

Ich wiederholte meinen Namen und nannte erneut mein Anliegen.

Nach einer weiteren Pause sagte sie: „Ja, mein Mann, der liegt jetzt in der Leichenhalle."

Nun war ich es, die ganz still wurde. Ich war einen Moment lang sprachlos, drückte ihr aber dann mein Mitgefühl aus und legte kurz darauf den Hörer auf.

Ich stand da wie angewurzelt. Auf einmal hatte ich für mich die Antwort, wie und warum mich der Gedanke an meinen Vater unter der Dusche so plötzlich ereilt hatte. Und mir wurde klar, dass mein himmlischer Gesprächspartner mich wieder einmal hat – ohne Worte – das Richtige tun lassen. Wer außer dieser hohen Macht hätte mir sonst den Gedanken eingeben können? Und ich bedankte mich bei Gott ganz herzlich. Denn durch sein Wirken sollte ich mich Tage später noch von meinem Vater verabschieden können.

Ohne mich vorzustellen nahm ich an der Beerdigung teil. Als ich die Friedhofskapelle mit einem Blumengesteck in der Hand betrat, stockte mir der Atem. Mir wurde schlagartig bewusst, dass ich diese letzte Begegnung mit meinem Vater unterschätzt hatte. Die Kapelle war voller

Menschen, sogar Fahnenträger und Musiker von irgendeiner Vereinigung waren gekommen.

Der Sarg meines Vaters stand mit Blumen geschmückt mitten im Raum.

Ich nahm in einer der letzten Reihen Platz. Niemand wusste, wer ich war. Ich blieb zunächst eine Unbekannte, die aber doch von den anderen bemerkt wurde.

Die Zeremonie begann. Auf dem Harmonium wurde eine ruhige, einstimmende Melodie gespielt. Als ich dann auf den Sarg sah, in dem nun mein Vater lag, wurde mir bewusst, dass ich sein einziges leibliches Kind war. Es gab niemanden außer mir in dieser ausgebuchten Kapelle, der hätte sagen können: Er war mein Vater. Und ich spürte, wie auf meinem Platz mein Körper immer kleiner wurde und anscheinend in sich schrumpfte.

Dann fing der Priester an, über das Leben meines Vaters zu sprechen:

„Wir kennen den Verstorbenen seit dem Ende des schrecklichen Krieges ..."

„... nie erzählte er uns etwas über das Leben, das er führte, ehe wir ihn kennenlernten."

„Wir haben ihn lieb gewonnen. Er war stets hilfsbereit und verträglich."

„Er liebte die Kinder aus der Nachbarschaft, die ihm

regelmäßig die Tageszeitung brachten und er bedauerte es immer sehr, keine eigenen Kinder zu haben."

Diese Worte drangen nicht nur an mein Ohr, sondern stachen direkt in mein Herz, sodass es zu rasen begann. Ich spürte, wie sich Druck und Schmerz irgendwie entladen mussten. Tränen strömten im Nu über mein Gesicht. Das Leid meiner Kindheit und das Verleugnen meiner Person – heute durch die Worte des Priesters und angesichts der Jahre durch meinen Vater – lösten einen unfassbaren Schmerz in mir aus. Wie eine Welle ging mein lautes Schluchzen durch die Friedhofskapelle. Und ich sah die Frage in den Gesichtern der anderen: Wer war diese Frau, die so schmerzverzerrt um den Verstorbenen trauerte?

Während der sich anschließenden Trauerfeier klärte ich immer noch unter Tränen Vaters Lebensgefährtin und ihre Verwandtschaft auf. Und ich sah ihr erschrockenes Erstaunen. Doch zum Schluss schaffte ich es sogar, ihnen zu danken, dass „mein Vater" in ihrem Kreise scheinbar ein gutes Leben hatte. Und diese meine Worte schienen den Trauernden gutgetan zu haben. Denn bei einem Wiedersehen, als ich die „Familie" meine Vaters noch einmal besuchte, erfuhr ich, dass meine Dankesworte jegliche Anschuldigung gegen meinen Vater erblassen ließ. Und das war gut so, denn so behielten sie ihn in guter Erinnerung und eine

Tochter fand durch den Blitzgedanken ihres himmlischen Vaters ein Stück Frieden.

„Wo der Geist des Herrn ist,
da ist Freiheit."
2. Korinther 3,17

20.

Die Eisblumen

Draußen schneite es wieder. So wie all die Tage zuvor. Dicke Flocken fielen im Januar 1950 im Westerwald und wir Kinder freuten uns schon, morgen wieder Schlitten zu fahren. Doch jetzt war erst einmal Schlafenszeit. Meine Mutter hatte eine dicke Decke mit aufs Zimmer gebracht. Sie hing sie vor mein Fenster als zusätzlichen Schutz vor der klirrenden Kälte.

Was war das für ein wunderbarer Tag im Schnee gewesen! Warm angezogen hatte für uns das Schneeabenteuer bereits am Mittag begonnen. Ich war in der glücklichen Lage, ein paar Schlittschuhe zu besitzen. Besser gesagt ein paar Kufen, für die ich allerdings nicht die passenden Schuhe besaß. Damals wurden die Schlittschuhe nämlich noch an den Schuhen mit dafür vorgesehenen Klammern festgeschraubt. Allerdings waren meine richtigen Winterschuhe (ich besaß so wie alle anderen Kinder auch nur ein Paar für den Winter) viel zu schade dafür, denn die Kufen mussten an den Schuhen fest angezogen werden und dadurch konnte ganz leicht der Absatz kaputtgehen. Daher war für mich das Üben in den „falschen" Schuhen (Gummistiefeln) nicht einfach. Die Verschraubung hielt nämlich immer nur eine Weile, ehe das Gummi nachgab und man sie erneut festschrauben musste.

Unkomplizierter war es mit dem Schlittenfahren. War das ein Spaß! Wir Kinder stießen uns oben am Berg ab und durch mein zusätzliches Lenken mit den Schlittschuhen vorne auf dem Schlitten glitten die Schlitten bis zur Dorfmitte. Außerdem hatten wir das Glück, dass eine unserer Straßen, die aus dem Dorf hinausführte, bergan verlief. Also gute Voraussetzungen zum Schlittenfahren. Doch für die Autos wurde es schon fast gefährlich, auf dieser Straße zu fahren. Durch unsere vielen Abfahrten wurde die Straße nämlich immer glatter, was sich herumsprach, sodass viele Fahrer dieses Straßenstück mieden. Gestreut wurde damals ja noch nicht. Die Autofahrer nahmen daher zur

Sicherheit einen etwas längeren Umweg in Kauf. So kam es denn auch, dass kaum ein Auto diese Stelle noch passierte und wir freie Bahn hatten. Trotzdem passten immer alle auf, sollte doch eins kommen.

Die Straße, auf der wir fuhren, hieß „Am Gericht". Und unser Jubeln und Lachen, wenn wir mit aneinandergehängten Schlitten und in ordentlicher Geschwindigkeit den guten Kilometer „Am Gericht" hinabrodelten, war weithin hörbar. Legte sich dann ein Mitfahrer mal falsch in die Kurve, sodass die ganze Rodelgesellschaft in den Graben und Schnee plumpste, wurde das Schreien und Johlen noch lauter. Oft fand unser Spaß erst spät am Abend ein Ende. So war es auch heute gewesen, als ich mit noch roten Bäckchen unter die Bettdecke kroch.

Als mich dann am nächsten Morgen meine Mutter weckte, nahm sie die kalte schwere Decke vom Fenster ab und sagte zu mir: „Schau mal, wie die Winterkälte heute Nacht das Fenster verzaubert hat."

Ich konnte nur staunen, es war völlig zugefroren und wie von Künstlerhand gemacht mit Eisblumen übersät. Mutter sagte: „Schau, eine Eisblume ist schöner als die andere." Ich konnte mich kaum sattsehen an dieser wunderschönen eisigen Pracht. Zwar war bis zum Mittag bereits ein Teil der Winterblumen von der Sonne aufgetaut, doch ich war sehr froh, mir neben all dem Schlittenspaß auch diese andere Seite des Winters, seine bezaubernd filigrane, so genau angesehen zu haben.

„Jedes Ereignis, alles auf der Welt hat seine Zeit. […]
Für alles auf der Welt hat Gott schon vorher
die rechte Zeit bestimmt."
Prediger 3,1+11

21.

Die gefaltete Krippe

Die Großmutter meiner Freundin Renate lebte in einem Seniorenheim. Sie hatte sich gewünscht, ihren Lebensabend dort zu verbringen, zumal sie seit vielen Jahrzehnten verwitwet war. Ihr Mann war nicht aus dem Krieg zurückgekehrt. Bereits im ersten Kriegsjahr hatte man ihr mitgeteilt, dass er im Dienst für das deutsche Vaterland ums Leben gekommen war. Sie trauerte lange um ihn, besann sich dann aber, um als Mutter weiter ihrer Verantwortung für zwei Kinder nachzukommen.

Sie sorgte sich gut um die beiden. Ihr Auskommen erwirtschaftete sie als Büroteilzeitkraft im Bürgermeisteramt ihres Heimatortes. Als dann ihre beiden Kinder verheiratet waren, entschied sie sich, in das Seniorenheim ihrer Kleinstadt zu ziehen. Das Haus hatte einen guten Ruf und sehr schöne Zimmer. Sie würde dort für sich selbst sorgen und ihre Kinder empfangen können, wann immer sie auch vorbeikommen mochten. Nur am wichtigsten war ihr, einfach nicht mehr den ganzen Tag allein zu sein.

Wenn meine Freundin Renate ihre Oma besuchte, nahm sie mich oft mit. Renates Oma freute sich immer sehr, wenn wir beide kamen und wir hatten unseren Spaß mit den älteren Herrschaften. Unter ihnen gab es viele Senioren, die nicht freiwillig in das Haus gezogen waren. Sie waren gebrechlicher als Renates Oma und die meisten bekamen auch gar keinen Besuch oder nur ein- bis zweimal im Jahr.

Einmal besuchten wir Renates Großmutter in der Adventszeit. Sie hatte schon ihre Krippe aufgebaut, worüber wir ganz erstaunt waren. „Aber Oma", sagte Renate, „es sind doch noch zwei Wochen bis zum Fest."

„Ja, ich weiß", antwortete sie. „Deshalb liegt ja auch noch nicht das Jesuskind in der Krippe. Wisst ihr, ich habe diese Figuren einfach so gerne, und ich liebe es, am Abend das Teelicht an der Krippe anzuzünden. Dann fühle ich mich richtig geborgen. Die Advents- und Weihnachtszeit geht doch so schnell vorbei, deshalb beginne ich schon etwas früher damit."

Wir verstanden ihre Beweggründe. Später im Aufenthaltsraum begannen wir uns bei den anderen Frauen zu erkundigen, eigentlich nur aus Interesse, ob sie denn auch eine Krippe bei sich im Zimmer aufbauen würden. Sie alle schüttelten verneinend den Kopf. Die meisten besaßen gar keine Figuren mehr. Sie hatten diese entweder den Kindern vermacht, nie welche gehabt oder sie waren im Lauf der Jahre zerbrochen.

Doch als wir die Frauen fragten, ob es ihnen denn gefallen würde, wenn sie eine kleine Weihnachtskrippe hätten, vielleicht mit einer Kerze oder einem Teelicht, antworteten die meisten mit einem Ja. Im gleichen Atemzug hörten wir aber auch: „Aber wie soll das denn gehen?" und: „Das Haus stellt doch eh eine große Krippe auf."

Sehr nachdenklich gingen Renate und ich nach Hause. Und als ich am Abend im Bett noch einmal über den Tag nachdachte und mich in einem Gebet bei Gott für den Tag bedankte, kam mir eine Idee: Letzten Sonntag hatten wir in der Kirche nach dem Gottesdienst eine Papiertüte bekommen, um darin Geld für Menschen und Projekte in der Dritten Welt zu spenden (wie es damals in den Vermeldungen hieß). Und als kleines Dankeschön war eine kleine

Krippe aus kartoniertem Papier dazugelegt. Man musste sie nur noch falten und aufstellen.

Am nächsten Tag traf ich Renate und machte ihr einen Vorschlag, wie wir an diese Faltkrippen für die Frauen im Seniorenheim kommen könnten. Sie lehnte nicht ab. Wir zogen also los und klapperten uns bekannte Kirchgänger ab, Verwandte und Freunde, um von ihnen zu erfahren, ob sie denn ihre Papierkrippe aufstellen würden. Falls nicht, erzählten wir ihnen, wofür wir sie gut gebrauchen könnten. Fast alle, die wir fragten, gaben uns ihre Krippe ab. So hatten wir schnell fünfzehn Faltkrippen zusammen, was genügen sollte.

Anschließend kauften wir noch bei unserem Gärtner im Dorf fünfzehn weiße Nelken. Nachdem wir ihm erzählt hatten, wofür diese waren, gab er sie uns etwas vergünstigt. Und die Teelichter spendierte schließlich meine Mutter.

So zogen wir zum Seniorenheim. Wir klopften an die erste Türe und wurden herzlich empfangen. Renate faltete im Zimmer die erste Krippe zusammen und stellte sie auf den Schrank, während ich mit der Bewohnerin des Zimmers eine kleine Vase für die Nelke suchte. Die Blume passten wir an die Größe der Vase an und stellten sie neben die Krippe, ebenso das Teelicht, das auf einem Tellerchen einen sicheren Untergrund fand. Die alte Dame strahlte und bedankte sich tausendmal.

Wir setzten unser Vorhaben fort. Bestärkt in der Annahme, dass es richtig war, was wir taten, begaben wir uns auf den Weg zu den anderen Frauen und kamen uns dabei fast vor wie zwei Gestalten auf ihrem Weg nach Bethlehem. Auf dem Flur sprach es sich schnell rum, dass da zwei Mädchen mit einer weihnachtlichen Überraschung unterwegs waren. Keine der Frauen lehnte die gefaltete Krippe ab. Sie waren alle glücklich, was wir an ihren strahlenden Augen erkannten.

„Das war eine super Idee", sagte Renate zu mir. „Ich glaube aber, wir selbst sind am glücklichsten, weil wir den Frauen so viel Freude schenken konnten."

„Derselbe Stern, den sie schon beobachtet hatten,
als er am Himmel aufging, führte sie auch jetzt.
Er blieb über dem Haus stehen, in dem das Kind war.
Als sie das sahen, kannte ihre Freude keine Grenzen."
Matthäus 2,9–10

22.

Freie Fahrt für die Liebe

Meine Freundin Elke, die heute 70 Jahre alt ist, engagierte sich als junges Mädchen in einem christlichen Jugendklub. Den Jugendlichen lag es am Herzen, mit Gottes Hilfe und seiner Liebe die Welt ein bisschen besser zu machen. Jeder hatte eine Aufgabe. Es waren ganz praktische Tätigkeiten, die man wählen konnte. Dinge, bei denen einzelne Jugendliche festgestellt hatten, dass irgendwo eine Not herrschte – ob es nun die alte Dame war, der das Einkaufen und Nach-Hause-Tragen der Taschen schwerfiel, oder der gebrechliche Herr, dessen Frau kränkelte und zum Arzt musste. Elke jedenfalls hatte sich dafür entschieden, sonntags im Krankenhaus auszuhelfen, wenn dort das Personal knapp war. Sie fuhr dafür extra in die nahe gelegene Stadt.

Einmal im Monat trafen sich die Jugendlichen, um bei einem gemütlichen Beisammensein einander zu erzählen, was sie so alles erlebt hatten. Dabei gab es auch Musik. Jemand brachte meist einen Plattenspieler oder ein Tonbandgerät mit. Und was zu trinken gab es auch. Ab und zu mal ein Bier, sonst aber keinen Alkohol.

An einem dieser Abende lernte Elke einen jungen Mann kennen. Sie hatte ihn noch nie zuvor gesehen, er war neu in ihrem Kreis. Der Abend verlief harmonisch. Irgendwann bemerkte Elke ein gewisses Interesse des Jungen an ihr, er schaute jedenfalls öfter zu ihr herüber. Und dann hatte sie plötzlich das Gefühl wie vom Blitz getroffen zu sein. Das war ihr in dem Moment so fremd, dass sie gar nicht wusste, wie ihr geschah. Jedenfalls brachte sie dieses Empfinden zunächst nicht mit dem jungen Mann in Verbindung. Ihr war einfach nicht bewusst, dass Amors Pfeil sie bereits getroffen hatte. Und da es im Klub keine festen Sitzplätze gab, meist fehlten sogar ein paar Stühle, stand dieser junge Mann auf einmal neben ihr.

„Ich heiße Benjamin", hörte Elke ihn sagen.

„Mein Name ist Elke", antwortete sie zögerlich.

Nach dem Abend brachte Benjamin Elke noch nach Hause. Elke war zunächst etwas verwirrt, doch sie musste sich eingestehen, dass er ihr gefiel. Und Benjamin versprach ihr beim Verabschieden, dass er wiederkommen werde, wenn sie das möchte. Ihr Herz schlug bei diesen Worten recht heftig. Als er dann noch einen Vorschlag für ein Wiedersehen machte, sagte sie freudestrahlend zu.

Von da an trafen sich Elke und Benjamin regelmäßig. Elke war 21 und ihr Verehrer 22 Jahre alt. Und da Elke keine Geheimnisse vor ihren Eltern hatte, erzählte sie auch zu Hause von ihm. Natürlich wollten ihre Eltern ihn bald kennenlernen. Schließlich verliebten sich die beiden ineinander und für die Eltern war alles gut.

Als Elke und Benjamin schon fast zwei Jahre lang ein Paar waren, wollten sie auch mal einen Urlaub gemeinsam verbringen. Sie spielten mit dem Gedanken, zusammen für ein paar Tage nach Bayern zu reisen. Doch Anfang der 1970er-Jahre war es gesellschaftlich fast unmöglich, als unverheiratetes Paar gemeinsam in den Urlaub zu fahren. Es musste ihnen also schon ein glaubhafter Vorwand einfallen, wollten sie das Vorhaben tatsächlich in die Tat umsetzen.

Elke war zwiegespalten. Einerseits wollte sie mit Benjamin ein paar Tage verbringen, andererseits ertrug sie kaum die Vorstellung, ihre Eltern dafür vielleicht belügen zu müssen. Benjamin wusste, er müsste sich etwas Besonderes einfallen lassen, damit Elke es akzeptieren konnte. Sein Beruf schien ihm dazu der Schlüssel zu sein. „Wozu bin ich bei der Bahn beschäftigt?", fragte er sich und kam auf eine geniale Idee, mit der er versuchen würde, dass Elke über ihren Schatten sprang.

Seine Freundin wusste, dass er, also Benjamins Familie, noch Verwandte in München hatte. Und Elke wiederum hatte, wenn er sich recht entsinnen konnte, Verwandtschaft in Nürnberg. Um nun gemeinsam einen Urlaub miteinander verbringen zu können, müssten nur noch Elkes Eltern wissen, dass sie beide zu der Verwandtschaft von Benjamin nach München, und Benjamins Eltern, dass sie beide zu Elkes Verwandtschaft nach Nürnberg fahren würden. Und da er als Bahnangestellter ohnehin eine Freifahrt im Jahr hatte, mussten sie nur die Fahrkarte für Elke bezahlen. Da sparten sie auch noch Geld.

Zu Benjamins Erstaunen war Elke mit dem Plan einverstanden. Sie vertraute ihm, denn sie liebte ihn so sehr und hoffte, dass er ihr bald einen Heiratsantrag machen würde.

Benjamins Plan ging auf. Niemand schöpfte Verdacht. Und die beiden verbrachten glückliche Tage in Bayern. Ein Jahr später heirateten sie mit kirchlichem Segen.

Später gestand Elke einmal ihrer Mutter, wie geschickt sie beide den damaligen Urlaub eingefädelt hatten und bat um Vergebung. Ihre Mutter verzieh ihr diese Lüge aus jugendlicher Liebe. Sie sah ja, wie aufrichtig glücklich Benjamin ihre Tochter machte.

„Du junger Mensch, genieße deine Jugend
und freu dich in der Blüte deines Lebens!
Tu, was dein Herz dir sagt und was deinen Augen gefällt!
Aber sei dir bewusst, dass Gott dich für alles
zur Rechenschaft ziehen wird!"
Prediger 11,9

23.

Schrecksekunden in Italien

Für den Sommer 1980 planten wir eine Reise nach Italien, und zwar nach Riccione an die Adria. Über ein Reisebüro fanden wir eine schöne Ferienwohnung. Und zu Hause in unserem Nachbarort gab es damals (so wie auch heute noch) ein Busunternehmen, das zur gleichen Zeit mit seinen Gästen zu einem Hotel nach Riccione fuhr. Da wir die Unternehmerfamilie persönlich kannten, fragten wir, ob sie vielleicht noch Plätze im Bus frei hätten, sodass wir drei mitfahren könnten. Sie sagten uns zu. Die Reise begann für mich, meine Tochter und meinen Lebensgefährten also optimal.

Für meine Tochter war es die erste Fahrt ins Ausland, sie war total begeistert und neugierig. Nachdem wir das Hotel erreicht hatten, in dem die anderen Buspassagiere ihren Urlaub verbringen sollten, nahmen wir uns ein Taxi und ließen uns zu unserer Ferienwohnung bringen. Sie lag zentral, mitten in der Stadt, in der ersten Etage eines Zweifamilienhauses unweit des Strandes. Wir waren vollkommen zufrieden. Wir hatten einen großen Balkon, von dem aus wir in einen gepflegten Garten sahen und auf das Meer, das fast vor der Haustüre zu liegen schien. Sogleich packten wir unsere Koffer aus und richteten uns ein.

Meine Tochter war schnell fertig, denn sie musste ja nur ihre Wasserspielsachen ausräumen. Um den Rest kümmerte sich schließlich Mama. Und nachdem sie sich schon eine Weile auf dem Balkon beschäftigt und über die Brüstung den Garten bestaunt hatte, äußerte sie den Wunsch, in den Garten gehen zu dürfen.

Ich indes hatte noch etlichen Proviant von der Reise übrig und wollte gleich die Würstchen heiß machen, aber es würde noch eine Weile dauern, bis ich mich mit dem Herd vertraut gemacht hatte. Sie quengelte, wie Kinder das ja können, bis ich einverstanden war. Ich ging mit ihr auf den Balkon, zeigte ihr das Türchen zum Garten und nahm ihr das Versprechen ab, diesen Garten nicht zu verlassen.

Meine Tochter ging aus der Türe und in den Garten, von wo aus sie mir fragend zurief: „Mama, kannst du mich sehen?" Ich bejahte und ging meiner Arbeit nach. Etwas später sah ich noch mal nach ihr, da saß sie unter einem Busch und beschäftigte sich mit dessen Blättern.

Es dauerte einige Minuten, bis ich den Tisch zum Essen eingedeckt hatte. Als die Würstchen heiß waren, ging ich auf den Balkon, um sie zum Essen zu rufen. Doch ich sah Isabell nicht. Das beunruhigte mich nicht, schließlich war der Garten nicht komplett einsehbar. Doch als mein mehrmaliges Rufen unbeantwortet blieb, rannte ich schnell zur Tür hinaus und die Treppe hinunter. Ich rief meinem Partner noch zu: „Isabell ist weg."

Sofort schickte ich ein Stoßgebet nach dem nächsten zum Himmel: „Herr, Gott, lass sie mich finden! Bitte lass sie mich finden! Lass nicht zu, dass ihr etwas Schlimmes passiert."

Noch einmal sah ich kurz im Garten nach, aber sie war nicht dort. Dann lief ich auf die Straße, aber in welche Richtung? Ich entschied mich ganz schnell Richtung Meer, denn das Meer hatte Isabell vom Balkon aus gesehen. Ich lief also auf die Küstenstraße zu. Doch vor lauter Aufregung sah ich nur Menschen und Autos. Würde ich so aufgelöst meine eigene Tochter überhaupt erkennen, wenn sie vor mir stünde, schoss es mir durch den Kopf. Mein

Herz raste und meine Augen flatterten, denn ich wollte überall gleichzeitig hinschauen. Panikartig sah ich mich nach allen Seiten um, doch nirgends war Isabell zu sehen.

Da plötzlich hörte ich von der anderen Straßenseite italienische Frauenstimmen, die aufgeregt klangen und irgendetwas durcheinanderriefen. Ich verstand nur „Mamma Mia, mamma Mia" und „Carabineri, Carabineri". Schon eilten zwei Polizisten herbei und mein Stoßgebet zum Himmel lautete: „Lieber Gott, bitte lass dort Isabell sein. Unverletzt!"

Wie ich über die Straße kam, weiß ich nicht mehr. Ich lief einfach auf den Menschenauflauf zu und sah in seiner Mitte mein heulendes Kind. Isabell fiel mir in die Arme und wir beide weinten viele erlösende Tränen. In dem Moment fingen meine Beine an zu zittern und verwehrten mir ihren Dienst. Ich sank zu Boden.

Durch meinen Tränenschleier sah ich in die Gesichter der Frauen und Männer, die um uns herumstanden. Ich vergesse nie ihre Augen. Eigentlich kann man den Ausdruck kaum beschreiben. Sie sahen erleichtert, wohlwollend und glücklich aus.

Später in unserer Ferienwohnung erklärte mir Isabell, dass sie ans Wasser wollte, weil es doch so nahe gewesen war. „Ja", sagte ich, „aber nur vom Balkon aus."

An diesem Abend fiel unser Abendgebet sehr ausführlich aus, denn die Bitte, dass Isabell so etwas nie wieder ohne mich unternehmen sollte, wurde ausgiebig dem lieben Gott versprochen. Bedankt bei ihm, dass alles so gut verlaufen ist, haben wir uns natürlich auch.

„Bittet Gott, und er wird euch geben!
Sucht, und ihr werdet finden! Klopft an,
und euch wird die Tür geöffnet!
Denn wer bittet, der bekommt. Wer sucht, der findet.
Und wer anklopft, dem wird geöffnet."
Matthäus 7,7–8

24.

Die Sache
mit dem Osterhasen

Ostern ist immer ein besonderes Fest für Kinder. Jedes Kind weiß, dies ist der Tag, an dem es Ostereier suchen darf. Auch damals war das ja schon so. Natürlich wurde bei uns auch das Fest der Auferstehung Jesu gefeiert. Und dann war Ostern ja auch noch das Ende der Fastenzeit, das wir sehr bewusst begingen, denn unsere Mutter hatte uns angehalten, in den sechs Wochen vor Ostern keine Süßigkeiten zu verzehren. So wie Jesus vor 2000 Jahren in der Wüste fastete, sollten auch wir ihm zuliebe einmal auf etwas verzichten.

Es war damals nicht so schwer, auf Süßes zu verzichten, denn es gab sowieso nicht so viel davon. Heute hingegen ist die Versuchung viel größer. Überall gibt es Zuckerzeug zu kaufen und es steht meist auf der Höhe des Blickfeldes von Kindern.

Im Tante-Emma-Laden unseres Dorfes bekamen wir Kinder manchmal ein Bonbon, wenn dort eingekauft wurde, aber in der Fastenzeit war das tabu. Es gab einfach nichts Süßes. Und weil es da nichts zu diskutieren gab, konnten wir es auch sechs Wochen lang aushalten und uns auf Ostern freuen. Wir wussten ja, dass wir an Ostern für unser Fasten belohnt wurden.

Trotzdem fiel uns der Verzicht nicht immer leicht. Hatte eine unserer Freundinnen doch irgendwoher ein Himbeerbonbon ergattert, wurde dieser durchgebissen und geteilt, mitsamt dem schlechtem Gewissen. Auch das war lehrreich.

Und dann war es endlich Ostersonntag. Erst gingen wir alle in die Kirche. Wir Kinder mussten also trotz unserer Vorfreude auf die Ostereier noch eine Stunde lang lieb sein. Wurden wir aber in unserer Ungeduld etwas zu laut, schaute der Pfarrer so wie jeden Sonntag schon mal streng in unsere Richtung, ohne etwas zu sagen. Dann war wieder Ruhe.

Nach der Kirche gingen wir nach Hause und durften endlich die Osternester suchen. Mit Sonnenschein und unter blauem Himmel machte die Suche besonders viel Freude. Die ganze Familie ging mit in den Garten, um zu suchen, was der Osterhase versteckt hatte.

Als Kleinkind glaubte ich noch fest an das Häschen, während mein älterer Bruder bereits im wahrsten Sinne des Wortes wusste, wie die Sache mit dem Hasen lief.

Ich lief im Garten hin und her. Wenn ich mich weitab vom Versteck befand, sagte mein Bruder: „Kalt, kalt, da ist es ganz kalt." Schon änderte ich meine Richtung. Irgendwann rief er dann: „Heiß, ganz heiß!" Gleich darauf sah ich im hohen Gras etwas Buntes. Ich hatte mein Nest gefunden. Es lagen bunte Eier darin, und zwar die, die wir einen Tag zuvor angemalt hatten, um dem Osterhasen etwas zu helfen. Meine Mutter hatte mir nämlich erzählt, dass er etwas Hilfe brauchte, da er ja so viel zu tun hatte, all die bunten Eier zu verstecken. Im Nest waren auch kleine Schokoladeneier und Lutscher und einiges mehr. Anschließend half ich meinem Bruder sein Nest zu suchen. Natürlich fand er es und wir waren beide mit unseren Osterkörbchen glücklich und sehr zufrieden.

Nach dem Mittagessen sagte meine Mutter: „Wenn das Wetter so bleibt, können wir heute noch einen

Waldspaziergang machen, denn manchmal verliert der Osterhase beim Verteilen einige der Eier und die könnten wir ja dann vielleicht noch finden."

So war ich dem Osterhasen noch einmal auf der Spur und fand kleine bunte Zuckereier. Ich erinnere mich noch heute daran, wie ich auf dem Spaziergang über jedes einzelne Ei gejubelt habe. Mein Bruder, der ja wusste, wie die Sache mit dem Hasen lief, war uns anderen Spaziergängern immer einen Schritt voraus. Ei für Ei ließ er unbemerkt und für mich nicht sichtbar aus seiner Hand auf den trockenen Waldboden fallen. Ich weiß bis heute nicht, wie viele Eier er sich dabei unterwegs selbst in den Mund geschoben hat, während ich bückend hinter ihm her „hoppelte". Doch so wurden wir beide mit viel Spaß und herrlichen Süßigkeiten für das lange Warten in der Fastenzeit belohnt.

„Er [Gott] kann euch so reich beschenken,
ja, mit Gutem geradezu überschütten,
dass ihr zu jeder Zeit alles habt, was ihr braucht,
und mehr als das.
So könnt ihr auch noch anderen auf
verschiedenste Art und Weise Gutes tun."
2. Korinther 9,8

25.

Wer glaubt, ist nie allein

Vor einiger Zeit hatte ich mit dem Kirchenchor einen großen Auftritt. Von der Kirchengemeinde hatten wir die Nachricht bekommen, dass der neue Bischof bald einen Antrittsbesuch in der Kirche unserer Stadt plane. Wir sollten uns als Chor bitte darauf vorbereiten und gemeinsam mit drei weiteren Chören aus dem Umland Lieder für den Festgottesdienst einüben.

Als der Sonntagmorgen für den Festakt gekommen war, saß ich am Frühstückstisch und mir kam eins der Lieder in den Sinn, das wir gleich singen würden: „Wer glaubt, ist nie allein." Ein Blick auf die Uhr sagte mir, dass ich noch etwas

Zeit hatte. So kam es, dass ich an den zurückliegenden Autounfall denken musste, den ich vor ein paar Monaten hatte. Ich war damals auf dem Rückweg von einer Veranstaltung gewesen und war noch so gefesselt von dem, was auf der Bühne gezeigt worden war, dass ich gedanklich wohl noch dort im Theater war. Jedenfalls bis zu dem Moment, als ich einen lauten Schlag hörte und für einige Sekunden nicht wusste, wo oben und unten war. Mein Auto kam urplötzlich zum Stehen und mir wurde bewusst, dass ich einen Unfall hatte. „O, Gott", dachte ich. Meine Türe ließ sich öffnen und so stieg ich aus, um zu sehen, was passiert war. Ich war mit einem anderen Auto zusammengestoßen. Aus diesem sah ich nun eine junge Frau aussteigen. Gott sei Dank war auch ihr nichts passiert. Allerdings saß sie nicht alleine im Auto, ein junger Mann stieg aus. Ich stand auf der Straße wie angewurzelt, als ich die nächste junge Frau aussteigen sah und weitere Insassen. Insgesamt fünf Personen waren in dem Auto gewesen.

Während meine Schockstarre mehr und mehr nachließ, fingen die jungen Leute an miteinander zu reden. Wir kamen aufeinander zu und erkundigten uns, ob jemand verletzt sei. Alle waren so gut wie unverletzt, nur einer jungen Frau tat das Knie leicht weh. Es grenzte an ein Wunder, dass es keine größeren Verletzungen gab. Wir alle waren froh, so glimpflich davongekommen zu sein. Die jungen Leute riefen die Polizei, denn das Unfallgeschehen musste aufgenommen werden.

Mir wurde am Frühstückstisch noch einmal bewusst, wie wohlwollend sich die ganze Situation damals abgespielt hatte. Niemand wollte dem anderen die Schuld in die Schuhe schieben, niemand wurde laut und weder schimpften noch diskutierten die jungen Leute. Wir standen ruhig beisammen und ich sagte zu ihnen: „Der liebe Gott hat alle Engel auf diese Straße geschickt, um uns zu beschützen. Das muss man sich mal klarmachen und unendlich dankbar darüber sein. Stellt euch nur mal vor, es wäre mehr passiert. Nicht auszudenken. Unsere Schutzengel waren zur Stelle, vergesst das nie." Ich telefonierte mit den jungen Leuten noch ein paarmal, dann war alles geregelt und wieder gut.

Ich sah auf die Uhr und stellte fest, dass ich mich nun zur Kirche aufmachen musste. Auf dem Weg dorthin hatte ich immer noch das Lied im Kopf: „Wer glaubt, ist nie allein."

Seit diesem Sonntag denke ich jedes Mal an die Zeile „Wer glaubt, ist nie allein", wenn ich mich ins Auto setze. Sie ist mir zu einer Gewissheit geworden. Meist rede ich auch noch kurz mit dem lieben Gott und bitte ihn, dass seine Schutzengel auf mich und alle anderen Verkehrsteilnehmer aufpassen mögen.

Vor Kurzem traf ich eine alte Freundin aus der Schulzeit wieder. Wir hatten uns lange nicht gesehen und verabredeten uns in einem Café für einen Cappuccino. Dort begannen wir einander zu erzählen von Arbeit, Beruf, Ehemann, Wohnsituation usw. Irgendwann sagte meine Freundin: „Ich bin sehr glücklich." Und sie fragte mich: „Weißt du, was ich damit meine, wenn ich sage, mir ist das Glück zugetan?"

Ich nickte zustimmend mit dem Kopf. Ich verstand sie. Auch mir ist vieles im Leben begegnet, bei dem ich mir gesagt habe, da hat doch der liebe Gott mitgespielt. Ich habe es für mich nur anders in Worte gefasst: Wer glaubt, ist nie allein.

„Denn Gott wird dir seine Engel schicken,
um dich zu beschützen, wohin du auch gehst.
Sie werden dich auf Händen tragen,
und du wirst dich nicht einmal an einem Stein stoßen!"
Psalm 91,11–12

Gott entdecken
inmitten des Alltags

„Ich hoffe, dass Sie in diesem Buch kleine Schätze finden werden, die Ihnen guttun."

Noor van Haaften

Noor van Haaften mal ganz persönlich. Die Erlebnisse der renommierten Autorin bieten eine Mischung aus nachdenklich stimmendem Tiefgang und humorvoller Leichtigkeit – verbunden mit geistlichen Erkenntnissen. Sie entdeckt das Besondere im Alltäglichen und lädt zu einem authentischen Leben mit Gott ein. Denn wenn wir mit offenen Augen durchs Leben gehen, können wir immer wieder Gottes Spuren entdecken. Dieses Buch spendet wunderbare Lesemomente und macht Lust auf das Abenteuer Glauben.

 Noor van Haaften • Das Kästchen im Kleiderschrank
Gebunden • 144 Seiten • ISBN 978-3-95734-020-7

Wahre Geschichten, die Hoffnung schenken

„Jede einzelne Geschichte in diesem Buch lässt im dunklen Tal die Wolken weichen und gibt einen kleinen Blick in den Himmel frei."

Andi Weiss

Andi Weiss sammelt seit Jahren bewegende Glaubenszeugnisse, denn die besten Geschichten schreibt das Leben selbst. Eindrücklich zeigen diese wahren Geschichten, wie Menschen Gottes Nähe in ihrem Leben erlebt haben. Es sind heilsame Rückblicke, die Mut machen. Denn so herausfordernd die Autoren ihre Lebensumstände empfunden haben, so teilen sie doch alle das hoffnungsvolle Wissen, das Gorch Fock auf den Punkt gebracht hat: *„Ich weiß nicht, wohin Gott mich führt, aber ich weiß, dass er mich führt."*

 Andi Weiss (Hg.) • Ich weiß, es kommen wieder gute Tage
Gebunden • 192 Seiten • ISBN 978-3-95734-236-2

© 2017 Gerth Medien GmbH,
Dillerberg 1, 35614 Asslar
© Margarete Rick-Neuendorff

Die Bibelstellen wurden soweit nicht anders angegeben folgender
Übersetzung entnommen:
Hoffnung für alle®, Copyright © 1983, 1996, 2002, 2015 by Biblica Inc.®.
Verwendet mit freundlicher Genehmigung des Herausgebers Fontis,
Basel. Alle weiteren Rechte weltweit vorbehalten.
Außerdem verwendet wurde:
Schlachter 2000, © 2000 Genfer Bibelgesellschaft, wiedergegeben
mit freundlicher Genehmigung. Alle Rechte vorbehalten. (SCH)

1. Auflage September 2017
Bestell-Nr. 817260
ISBN 978-3-95734-260-7

Umschlaggestaltung: Anne Weigel unter Verwendung von Shutterstock
Satz und Gestaltung: Greiner & Reichel, Köln
Druck und Verarbeitung: GGP Media GmbH, Pößneck
Printed in Germany

www.gerth.de